# 中国体育产业发展研究

常 超 ◎ 著

吉林出版集团股份有限公司

版权所有　侵权必究

### 图书在版编目（CIP）数据

中国体育产业发展研究 / 常超著. — 长春：吉林出版集团股份有限公司，2023.6
　ISBN 978-7-5731-3564-3

Ⅰ.①中… Ⅱ.①常… Ⅲ.①体育产业－产业发展－研究－中国 Ⅳ.①G812

中国国家版本馆CIP数据核字（2023）第124732号

## 中国体育产业发展研究

ZHONGGUO TIYU CHANYE FAZHAN YANJIU

| 著　　者 | 常　超 |
|---|---|
| 出版策划 | 崔文辉 |
| 责任编辑 | 赵晓星 |
| 封面设计 | 文　一 |
| 出　　版 | 吉林出版集团股份有限公司 |
| | （长春市福祉大路5788号，邮政编码：130118） |
| 发　　行 | 吉林出版集团译文图书经营有限公司 |
| | (http://shop34896900.taobao.com) |
| 电　　话 | 总编办：0431-81629909　营销部：0431-81629880/81629900 |
| 印　　刷 | 廊坊市广阳区九洲印刷厂 |
| 开　　本 | 710mm×1000mm　　1/16 |
| 字　　数 | 234千字 |
| 印　　张 | 10.75 |
| 版　　次 | 2023年6月第1版 |
| 印　　次 | 2023年6月第1次印刷 |
| 书　　号 | ISBN 978-7-5731-3564-3 |
| 定　　价 | 78.00元 |

如发现印装质量问题，影响阅读，请与印刷厂联系调换。电话15901289808

# 前　言

20世纪80年代，我国的体育产业开始起步，经过40多年的快速发展，如今已经成为我国国民经济新的增长点。在发展业绩与成功经验的同时，人们也越来越多地关注体育产业。那么何为体育产业，体育产业的主要类型，我国体育产业的现状，在社会主义市场经济条件下体育产业又该如何经营，与国外体育产业的发展比起来我国的体育产业的发展战略应如何定位等等问题，便是接触体育产业首先应该清楚并需要将其理论化的部分。

就目前而言，体育产业在世界各国普遍呈现出加快发展的态势。作为一个投入和产出都规模巨大的产业，体育产业无论在产值还是就业构成上均已成为国民经济部门的重要组成部分，也是公民提高生活质量的重要方式。我国自改革开放以来，体育产业实现了快速增长，取得了较好的成绩。但由于起步较晚、起点较低等原因，我国体育产业也面临着总体规模偏小、结构不尽合理、质量和效益均有待提高等问题。

而且随着社会的发展，人们对体育的需求日益增长，体育不仅不再是少数人的专利，而且也不再仅仅是为了身体健康需要的产品，随着体育事业的产业化日益完善，体育已经成为一种特殊的可供娱乐的消费品。为了适应人们日益增长的体育消费的需要，专门从事体育服务产品生产和经营的人也越来越多。

当体育作为一种产业形态出现的时候，必然会带来一系列关于产业层面的思考。资本对体育的投资急剧递增，使得体育产业出现了许多新的商业发展机会和就业机会，体育企业集团、体育产业集群风起云涌；技术变革使得体育的参与、体育观赏方式均发生了巨大的转变，不仅为体育消费者提供了便利、多样性的选择，也为相关体育组织创造了更多的收入来源；马拉松跑步、健步走、户外旅游等参与型体育构成了现代体育产业日益重要的一部分；从国家到地方，从一个地方到一个区域，均在以一种战略性发展眼光，全面地谋划将体育产业中的体育赛事和全民健身作为改造社区、优化城市环境、完善公共基础设施、提升城市形象的催化剂。在这样的大背景下，如何看待体育产业的各种问题，促进我国体育产业的发展，成为亟须解决的问题。

由于笔者水平有限，书中难免存在不妥甚至谬误之处，敬请广大学界同仁和读者批评指正。

# 目 录

## 第一章 体育产业概述 … 1
- 第一节 体育产业的相关概念 … 1
- 第二节 体育产业的内容与类别 … 16
- 第三节 体育产业的属性与特征 … 19

## 第二章 体育产业的结构与组织 … 22
- 第一节 体育产业结构的基本理论 … 22
- 第二节 体育产业组织的基本理论 … 26

## 第三章 体育产业政策 … 43
- 第一节 产业政策及产业政策体系 … 43
- 第二节 产业政策的定义与理论依据 … 45
- 第三节 体育产业政策的内容 … 48

## 第四章 体育产业资源的开发与配置 … 56
- 第一节 体育产业资源的开发及其配置的基本理论 … 56
- 第二节 我国体育产业资源配置的基本情况 … 60
- 第三节 我国体育产业资源开发与配置的优化 … 62

## 第五章 体育市场营销 … 67
- 第一节 体育市场运行分析 … 67
- 第二节 体育产业的市场营销 … 83
- 第三节 大型赛事的市场营销 … 98

## 第六章 体育产业的信息化发展研究 … 100
- 第一节 体育产业发展受信息化发展的影响 … 100
- 第二节 体育产业信息网站的运营模式 … 103

第三节　体育产业信息网站运营模式的优化升级························112

第七章　当代体育产业的多元化领域发展·····································115

　　第一节　体育产业与旅游产业··············································115

　　第二节　体育健身休闲产业··················································117

　　第三节　体育消费及趋势······················································119

第八章　中国体育产业支持体系的创新与完善·····························126

　　第一节　投融与融资支持体系的建构·····································126

　　第二节　体育产业人力资源支持体系的延展·····························129

　　第三节　政策支持与中介服务支持体系的成熟·························144

　　第四节　大数据时代信息化技术的开发与运用·························147

参考文献·······················································································164

# 第一章　体育产业概述

当前体育产业的发展是一个体育运动逐渐走向商业化、职业化并与其他行业不断融合的过程。就目前而言，中国体育产业蓬勃发展，已经成为国民经济中一个新的经济增长点。要推进体育强国建设，必须增强体育产业的实力，在整体上加强体育工作各项内容的协调与完善。

## 第一节　体育产业的相关概念

从世界范围来看，体育产业正处于蓬勃发展阶段，一些发达国家的体育产业甚至已经形成较为完善和健全的发展体系。体育产业的发展不仅对竞技体育、群众体育、体育文化有推动作用，而且对推进体育强国建设也具有十分迫切的现实意义。

### 一、体育产业的概念

尽管体育产业目前已经得到了很大程度的发展，但是关于体育产业的概念，当前还没有统一的说法，国内外不同专家学者所持有的观点也存在着一定的差异性。下面就对体育产业的概念进行深入全面的分析和阐述。

#### （一）体育产业概念的界说

1. 体育产业外延的广义说

"体育产业外延的广义说"主要是指国内外学者在产业外延广义化的共同点。有关"体育产业外延的广义说"的表述中，较为典型的为：与体育有关的一切生产、经营活动部门的总和。其产品包括体育物质产品、体育服务和劳务产品；健身娱乐、竞技观赏业、体育传媒业、体育用品业、体育广告业、体育博彩业、体育饮品业等都属于其内容的范畴。

通过上述对"体育产业外延的广义说"的了解，可以看出，其将生产物质产品的企业纳入体育产业的范畴，外延泛化的问题是较为显著的，具体来说，主要体现在以下几个方面：首先，物质产品与服务或劳务的产品属性是完全不同的，彼此间没有替代的可能，故两类产品不符合同一商品市场的产业划分标准；其次，物质产品与服务或劳务产品在生产技术和工艺上的差异性也是较为显著的；最后，生产物质产品的部门与提供服务或劳务产品的部门与 A.Fisher 提出的产业分类法的要求也不相符。由此可以得知,"体育产业外延的广义说"不仅与经济学原理不相同,同时也与逻辑学规则相悖。

2. 体育产业的体育事业说

所谓的"体育产业的体育事业说",就是指体育事业中包含了体育产业,或称体育产业是社会主义市场经济运行体制下的体育事业,它是体育事业由传统的计划经济转到社会主义市场经济体制下的称呼。

"体育产业的体育事业说"所存在的问题主要表现为:概念关系不明,不符合现行实际改革。一般来说,任何学科的研究概念均有其特定的本质内涵和相对明晰的外延结构,换句话说,就是研究概念都是以特定的有形现象或抽象内容为基础而产生的,以高度提炼的方式予以实现的一种概括。如果将体育产业与体育事业放在同一层次上来进行分析,就可以发现,这两者之间的内涵与外延的差异性是较为显著的,属全异关系的概念,换句话说,就是产业是同类经济活动的总和,而事业是创造公益性、福利性公共产品的组织单位的集合。

3. 体育产业的体育事业可营利部分说

所谓的"体育产业的体育事业可营利部分说"就是从实用性的角度提出了体育产业就是体育事业中可进入市场并可获得经济利益的那部分经济活动的总和。

"体育产业的体育事业可营利部分说"存在的问题较多,其中,较为关键的有以下三个方面。

第一,概念的定义具有不完全性的缺陷,具体来说,这是对事物性态的过程描述,并非就是事物的本质属性。

第二,这种界说对原来体育事业中就没有的但现确已成为体育产业构成部分的产业部门进行了排斥,换句话说,就是将现代保龄球服务部门、高尔夫球服务部门等在社会发展中为适应需求结构变动所产生的新兴的具有体育原生属性的产业部门排斥掉了。

第三,产业划分类型和层次存在着边界不清的问题。"体育产业的体育事业可营利说"在判定体育产业的外延结构时,并没有对第二次产业和第三次产业的划分规则引起重视,而是将获取经济利益作为唯一标准,以此为思维逻辑来认识体育产业,回到"体育产业外延的广义说"的道路上就成为了一种必然。

4. 体育产业外延的狭义说

所谓的"体育产业外延的狭义说",就是指体育产业是生产和提供体育、运动服务或劳务产品的企业集合,或称以活动、劳动形式向全社会提供各类体育服务的行业总和。对产品的非实物性较为重视,以劳务或服务的"活动"形式存在,并提供满足人的身心等方面需求的使用价值,生产过程是消费者直接参与并享受的过程,这些都是这一界说的主要特点所在。

"体育产业外延的狭义说"与产业经济学理论和逻辑学的规划是较为相符的，具体来说，主要体现在以下三个方面。

第一，将生产和提供体育、运动服务或劳务产品的企业作为指涉对象，对体育产业的产品属性的同质性进行了明确的规定，与"具有某种同一属性经济活动"和产业定义和以相同商品市场为单位的产业划分规则是相符的。

第二，体育、运动服务或劳务产品的生产过程和技术工艺均存在着一定的相似性，具体来说，两者的基本要素都是人体运动，运动设施、设备等，生产所需的投入品也是较为相似的，都需根据解剖、生理、力学等原理和规则生产体育产品等。

第三，以活动劳动的形式生产或提供体育、运动服务或劳务产品的产业是与A.Fisher、C.Clark、S.Kaznets等人创立并发展的二次产业分类的标准相符的，换句话说，就是体育产业属于第三次产业的范畴。

### （二）国内外体育专家对体育产业概念的理解

从当前的形势看，国外大部分体育专家及学者对体育产业概念的界定都有自己独特的见解，某些地方甚至还存在着一定的分歧。但是，从总体上来说，国外众多的专家及学者对体育产业概念的界定都基于操作性层面，具体来说，就是对体育产业研究的可行性较为偏重，而不会仅仅局限于体育产业的理论方面。比如，有的学者将体育产业的概念界定为向购买者提供体育、健身、娱乐和休闲产品的市场；有的学者把体育产业界定为生产体育活动的企业或组织；有的学者将体育产业分为主体产业和相关产业等。

另外，国外的体育专家及学者在对体育产业进行研究和探索时，往往都会把体育产业看作是体育物质产品与服务产品生产企业或组织的集合。他们对体育产业内涵与外延的理解的差异性也是存在的，因此，关于国外专家对体育产业概念的界定也没有一个统一的定论。尽管如此，但有一点是可以确定的，那就是绝大部分专家及学者都将体育健身娱乐业、体育竞赛表演业、体育用品制造业与销售业、体育场馆服务业归纳到体育产业当中，认为这些类型的体育产业构成了整个体育产业的主干产业。

### （三）国内专家学者的观点

我国在体育产业的研究方面，也存在着一定的差异性。在一些文件中就有所体现。比如，我国的《体育产业发展纲要》将体育产业分为三大类：第一类为体育主体产业，如体育竞赛表演、训练、健身、娱乐等的经营；第二类指为体育活动提供服务的体育相关产业类，如体育用品、器械的生产经营等；第三类是体育部门开展的旨在补助体育事业发展的其他各类产业活动。而《国民经济行业分类》则将体育产业从卫生、体育和社会福利中调整出来，与文化、娱乐共同构成文化、体育娱乐业，但只对体育产业的类别归属进行了划分，并未对体育产业的概念做出界定。

另外，我国体育方面的专家学者，在经过长期的探索后，也纷纷发表了对体育产业的认识和观点，具体来说，较为具代表性的观点有以下几个方面。

1. 体育产业是指进入市场实行商业化经营的体育活动范围。其包括的内容主要有运动训练与竞赛、体育健身娱乐、体育辅导与培训等几个方面。

2. 体育产业为第三产业中的一个部门，即体育产业或体育业，它是国民经济的重要组成部分。

3. 体育产业是同类体育劳务企业的总和，但不包括体育相关产品企业。

4. 体育产业主要包括体育活动自身的经营，与体育紧密相关的产业，体育系统组织的各种商业经营活动三大类。

5. 体育产业主要分为核心产业、中介产业和外围产业三个板块。核心产业主要包括体育健身娱乐、竞赛表演等市场；中介产业主要包括体育经纪市场和体育媒体市场等；外围产业主要包括体育用品市场、体育旅游市场和保险市场等。

6. 广义的体育产业是指包括以盈利为目的的体育企业和各种公益性、事业性体育机构；狭义的体育产业则指体育企业的集合。

7. 体育产业是指与体育运动相关联的一切生产经营活动。通常情况下，体育产业就不仅仅局限于直接的服务和劳动。第二产业中的体育服装等产品以及第三产业中体育旅游、体育媒体、体育彩票等也都属于体育产业的范畴。

从上述几个观点中可以看出，我国大部分体育专家及学者对体育产业的概念都有自己独到的见解，但由于研究的着眼点不同，因此对体育产业的理解也存在着一定的差异性，对此我们要综合专家及学者的观点，从整体上来把握体育产业的概念。

### （四）笔者观点

通过将国内外众多体育专家及学者的观点综合起来，可以从广义和狭义上对体育产业的概念进行理解。具体来说，广义的体育产业是指全社会中提供体育产品的企业、组织、部门和活动的集合，包括体育服务业和体育相关产业两大领域；而狭义的体育产业是指以体育劳务形式为消费者提供体育服务产品生产的企业、组织、部门和活动的集合。

总的来说，体育产业是随着社会经济的不断发展而出现的一种新的产业形态，它是体育运动由原来的自给自足的自为模式向组织化、生产化、消费化和盈利化的产业运营模式转变的产物。简单而言，体育产业就是生产和经营体育商品的企业集合体。

## 二、体育产品

### (一) 体育产品的概念

在体育产业中，由体育生产活动产生的并且可以满足人们某种体育需求的劳务产品，就是所谓的体育产品。体育产品主要有以下几个方面的性质。

*1. 体育性*

体育产品是在体育活动中产生的，而非其他活动。

*2. 生产性*

体育产品是在体育生产活动中产生的，它属于生产性的劳动活动，是一种产出品而非投入品。

*3. 劳务性*

体育产品是以服务的形式向消费者提供的劳务产品，这种服务形式属于第三产业的内容。

*4. 满足体育需求性*

体育产品是为了满足人们的某种体育需求而产生的，这种需求与体育运动的发展水平及体育产业的发展状况有着紧密的关系。

### (二) 体育产品的分类

通常情况下，体育产品可以大致被分为三种类型，即体育健身休闲产品、体育竞赛表演产品以及体育技术培训产品，具体如下。

*1. 体育健身休闲产品*

满足人们健身和休闲娱乐需要的各类体育产品的集合，就是所谓的体育健身休闲产品。体育健身休闲产品的范畴较为广泛，健身指导、锻炼咨询、体育医疗咨询以及各种休闲体育服务等都属于这一范畴。

作为体育产品的重要组成部分，体育健身休闲产品对消费者有着一定的要求，主要表现为直接参与各种体育消费活动。随着现代社会的不断发展，亚健康状况成为人类发展的隐患，在这样的形势下，人们对健康和生活质量的要求越来越高，因此体育健身休闲产品就受到了人们的高度重视。人们都希望通过参加各种各样的休闲健身活动来提高自己的体质，以减少亚健康状态。

*2. 体育竞赛表演产品*

一些体育组织为满足人们娱乐和审美的心理需求而组织和策划的一系列体育比赛或者竞技表演，就是所谓的体育竞赛表演产品。通常来说，体育竞赛表演产品的提供者主要是各种营利性或非营利性的体育组织。消费者在进行体育消费的过程中，并不直接参与其中，而是通过观看与欣赏的形式进行消费。发展到现在，体育竞赛表演产品已成为现阶段体育产品的重要组成部分，它对于刺激和发展人们的体育需求具有重要的作用。

3. 体育技术培训产品

伴随着体育运动赛事的发展而产生的一种对运动员或体育人才进行培训，以使其竞技能力得到提高的一种服务，这就是所谓的体育技术培训产品。体育技术培训是由体育教师或教练员等通过一定的训练手段和方法培养运动人才的过程。体育技术培训的产品就是指其中的训练方法、途径等，这种产品的生产与消费对整个体育产品的质量有着非常重要的作用。在竞技体育快速发展的今天，现代运动竞赛的高度发展使得体育技术培训产品越来越多，科学化程度也越来越高。

## （三）体育产品的特征

体育产品除了具备一般产品的特征外，其自身还具有较为显著的特征，具体来说，主要从以下几个方面得到体现。

1. 非实物性

在体育产业中，体育产品的基本生产活动就是体育运动，而体育运动本身是不会产生任何实物产品的。因此，体育产业概念中提到的体育健身产品、体育竞赛产品、体育训练产品、体育信息产品乃至体育无形资产等都属于非实物形态。这种非实物形态主要由体育产品的非实物性特征所决定。

2. 生产和消费的不可分割性

在体育产业中，体育产品具有生产和消费的不可分割性的特征，具体来说，这种不可分割的特征主要表现在时间、空间以及亲身参与体育活动三个方面上，具体表现如下。

（1）从时间上来说，其不可分割性主要表现在生产过程与消费过程的同时开始与结束。由于体育产品是以体育服务的形式出现的，因此，一旦体育比赛或者体育锻炼活动结束，人们的观赛活动或锻炼活动也就随之结束。在体育赛事欣赏中，人们在观赛后，能够保留的也就只有手里的门票、身上的汗水和脑海里的回忆，这一过程是不能重复和储存的。所以说在时间上，体育产品的生产与消费基本是同步进行的。

（2）从空间上来说，其不可分割性主要是指体育生产活动和消费活动往往是在同一空间中实现的，如健身房和比赛现场。

（3）亲身参与体育活动是无法替代的。人们要想获得比赛的感受必须要靠自己亲身的体验，一个人是不可能通过别人来实现自己健身的目的的，也不可能让别人代替自己获得观赏比赛的愉悦感。因此，体育消费者必须要亲临现场，亲身参与其中，才能真正完成对体育产品的消费过程，在消费过程中达到自己的目的。因此说，消费者对体育产品消费的亲身参与性也对体育产品的生产和消费的不可分割性产生了重要的决定性作用。

### 3. 需求层次的高端性

一般来说，人的需求可以划分为生存需求、享受需求和发展需求三个层次，这三个层次是人们不同发展阶段的不同追求。人们对于体育产品的需求属于高层次性需求，这主要表现在以下三个方面。

（1）满足基本的生存需求并不是人们对体育产品的唯一需求。衣食住行是人们生活中的必需品，而体育需求并不是人们生存所必需的，也就是说如果人们离开了体育运动，并不会对其生存构成威胁，充其量只是影响到了人们的生活质量而已。因此，在经济学中，生活必需品被描述为替代性很低，甚至是替代弹性几乎为零的产品，而体育产品的替代性则较高。

（2）人们对体育产品的需求能够使享受性需求得到一定的满足。在现实生活中，人的需要是不断发展和变化的。当人们基本的生存需求得到满足后，就会开始追求更高层次的享受。这种高层次的享受就包括人们对生活质量和自身健康状况的关注。而体育产品对于提高人们的生活质量具有重要的作用。当人们的可支配收入达到一定水平后，参与体育运动和欣赏体育赛事就成为满足人们享受性需求的一种重要形式。

（3）人们对体育产品的需求能够在一定程度上满足人们的发展性需求。这一特征主要表现在两个方面：一方面，人们基本的生存需求得到满足后，他们会产生更高的欲望，对生活质量的要求会更高，如强身健体、进行体育娱乐发展身心等，而体育产品则能在很大程度上满足人们的这种需求。另一方面，人们对体育的需求可以看作是一种重要的人力资本投资。人力资本一般被理解为通过人力投资形成的、依附于劳动者身上并能够为其带来持久性收入来源的生产能力。人们通过对体育产品的消费，能使自己体力有所增强，使劳动力的再生产得以实现；通过体育产品的消费，能够使疾病减少，进而使缺勤的情况减少，使劳动生产率得以提高；通过体育产品的消费，能够使健康状况得以改善，延长工作的年限；通过体育产品的消费，能够使压力有所缓解，社会适应性有所提升。

### 4. 消费结果的不可预测性

在体育产业中，体育产品具有的消费结果的不可预测性特征主要从以下几个方面体现。

第一，在体育产业中，体育产品是以活劳动的形式提供的，而活劳动具有不可完全重复性的特点。因为每一次劳动过程，劳动者都会受主客观等因素的影响，因此其劳动过程很难保证完全一致。

第二，体育产品要作用于人，而每个人的情况又都存在着较大的差异，如同样是"瘦身运动"，由于每个人的体质不同，锻炼后结果也难以预测。

第三，在体育运动中，高水平的竞技体育比赛最难预测。当消费者购买到一场比赛的入场券时，比赛的激烈程度、比赛的走向、比赛结果等都难以在比赛前能够预测出来。

5. 质量评判的差异性

体育产品具有质量评判的差异性特征，主要从以下两个方面得到体现。

一方面，在同一项体育赛事中，由于消费者主观感受具有一定的差异性，观众在观赏体育赛事时，会根据自己的好恶或者知识、经验的不同，对场上球员的表现及比赛的结果做出截然不同的评价。

另一方面，在娱乐健身活动中，要想同时满足绝大多数消费者的需求是一件非常困难的事情，如有的消费者会对健身器材有意见，有的则会对服务态度有意见。这也恰恰是服务类产品的特点之一。

6. "最终产品"特性

最终消费和使用的产品，就是所谓的"最终产品"。在体育产业中，体育产品就属于服务业提供的产品，因而就具有最终产品的特性。体育产品"最终产品"的特性主要表现为中间投入率小和中间需求率小。中间投入率是指各产业的中间投入与总投入之比，其能够将各产业为生产单位产值而需要从其他产业购进中间产品所占的比重反映出来。中间需求率是指各产业的中间需求与总需求之比，能够将在各产业的产出中有多少是作为中间产品为其他产业所需求映射出来。体育产品这一种特殊的产品形态，其价值主要是由活劳动消耗构成的。而原材料消耗的比重较小，因而中间投入率小。除体育无形资产一般是作为其他产业的投入品被购买的，它的消费者主要是企业而不是个人，不具备最终产品消费的特征。大多数体育产品被作为其他产业投入品的比例很小，所以体育产品又具有中间需求小的特点。因而体育产品具有最终产品的特性，能够使人们的基本需求得到较好的满足。

## 三、体育市场

### （一）体育市场的概念

整个社会市场体系中执行其特殊职能的一个子系统，就是所谓的体育市场，其改变具有广义和狭义之分，具体如下。

从广义上来说，所谓的体育市场，就是指全社会体育产品交换活动的总和。这不仅包括体育劳务和服务产品的交换活动，而且也包括和体育有关的产品，如运动服装、运动饮料、运动器材等的交换活动，同时还包括一些体育要素，如体育资金、体育人才等的交换活动。

从狭义上来说，体育市场是指能够直接买卖体育服务产品、参与或观赏体育活动的场所。比较具有代表性的并对外开放的体育场馆、游泳池、健美健身中心、各种收费的体育培训班等。

## （二）体育市场的要素

体育市场的基本要素主要有三个方面，即体育消费者、体育消费欲望和体育消费水平。

1. 体育消费者

购买体育消费品的人，也就是所谓的体育消费者。观看体育比赛和表演，购买运动器材和运动服装，参加健身活动消费的人都属于体育消费者。

2. 体育消费欲望

对体育消费品存在一定的消费欲望和消费需求，这就是所谓的体育消费欲望。一般来说，经济发达和体育意识较高的国家和地区，其体育消费的欲望比较强烈。

3. 体育消费水平

根据人口平均的体育消费资料的消费数量，就是所谓的体育消费水平。一般而言，体育消费水平的高低能够将一个国家或地区的经济发展水平反映出来。总之，体育市场的这三个要素之间是相辅相成、相互依赖、相互制约的关系，三者缺一不可。

## （三）体育市场的特点

体育市场具有较为显著的特点，具体来说，主要从体育实物消费品市场、体育服务消费品市场以及体育要素市场三个方面得到体现。

1. 体育实物消费品市场的特点

以实物形态向体育消费者提供体育实物消费品的市场，就是所谓的体育实物消费品市场。一般而言，体育实物消费品市场的特点主要有以下几个方面。

（1）市场需求要求有所差别

体育实物消费资料有专业和业余之分，专业的体育实物消费需求要求较高，业余的要求则相对较低。因此，生产厂家要以不同的市场需求为主要依据来产生不同的体育实物消费品，从而使不同的市场需要都得到较好的满足。

（2）市场需求具有周期性的特征

某一运动可能会在一定时期内风靡某一地区，这时该地区的这一运动项目器材的需求量相应增加，但当流行期过完后，对该运动项目器材的市场需求会相应减少。因此，体育实物消费品的经营管理者要善于掌握并抓住市场需求信息，从而能够使自己的产品做到适销对路。

（3）消费者人数较多

人们参加体育活动，或进行体育锻炼都需要一些运动装备，如运动服装、运动器材等，而这些运动装备都属于体育实物消费资料，因此体育消费者越多，对体育实物消费品的市场需求也就越大。

## 2. 体育服务消费品市场的特点

不提供实物产品，而以活劳动形式向体育消费者提供体育消费品的市场，就是所谓的体育服务消费品市场。具体来说，体育服务消费品市场的特点主要表现在以下几个方面。

（1）市场需求具有一定的波动性

由于受到外界因素和主观因素的影响，世界各国各地区的体育服务产品的市场需求存在着较大的波动性。这种波动性和一个国家或地区民族的兴趣爱好及社会文化有一定的联系。体育产业经营管理者只有理解和掌握这一特点，才能实现事半功倍的效果。

（2）市场需求具有一定的不平衡性

体育服务产品的社会需求，在很大程度上受到社会生产力发展水平及经济发展状况的影响。一般地说，经济较发达的国家或地区，人们对体育服务产品的市场需求较大，经济比较落后的地区，对体育服务产品的市场需求相对较弱。因此，体育产业经营管理者，要以这一不平衡性为主要依据来有针对性地开展体育经营管理活动。

（3）时间和空间具有一定的一致性

体育服务产品在时间上和空间上是统一的，究其原因，主要是由于体育工作者生产体育服务产品的这一劳动过程，又是体育消费者对体育服务产品的消费过程，买卖双方、生产者和消费者的行为被融合在一个过程之中。所以，体育产业经营管理者，要对两个方面进行充分的考虑：一方面，是体育消费者体育消费需求的数量和质量；另一方面，是体育消费者在交通和时间上的方便程度。

（4）时间和季节存在着一定的差异性

由于体育消费者均在余暇时间里参加体育活动，观赏体育比赛，因此体育劳务或服务产品的市场需求在时间上的差异性较大。一般来说，晚上大于白天，节假日大于平时。再者，由于某些体育劳务或服务产品的消费需求和季节变化、天气变化有着一定的联系。如夏天对游泳池、水上乐园等消暑型的体育劳务或服务产品需求较大，冬天则几乎没有。天气晴好，气候宜人，对体育劳务或服务产品的社会需求会相应增加；刮风下雨，风云变幻，会造成原有的体育消费需求因气候原因而被迫取消。如观看球赛，原来打算到现场观看的，届时正好下雨，也许就会不去现场，而改为观看电视转播。因此，这就要求体育经营管理者要对这一差异性有一定的了解和认识，进而取得较好的体育经营效益。

## 3. 体育要素市场的特点

以体育资金、体育人才、体育技术等体育事业发展的各种要素形态存在的特殊消费品市场，就是所谓的体育要素市场。体育要素市场主要包括体育资金市场、体育人才市场、体育技术市场等几个方面，每个方面都有其各自的特点，由此也将体育要素市场的特点充分体现了出来。

（1）体育资金市场的特点

体育资金市场主要由体育广告、体育彩票、体育股票、体育债券、电视转播权的转让及体育无形资产的开发等部门的经营活动所组成。其特点主要表现为：利用当代体育运动的巨大魅力、感召力和吸引力，以体育的经济功能和社会功能为基础，来吸引社会上企业财团以及消费者对体育进行投资。

（2）体育人才市场的特点

体育人才市场主要是指运动员和教练员的有偿流动市场，一般实行明码标价。体育人才市场的供需双方通常不直接见面，而是由经纪人或经纪人组织从中牵线搭桥。

（3）体育技术市场的特点

体育技术商品的交换市场，就是所谓的体育技术市场。当前，已初步形成的体育科技市场的基本内容有承担科研项目、进行科研咨询、出售科研成果、转让科研专利、开展技术咨询、技术服务、技术培训、技术入股和体育科技用品的研制与开发等。体育技术产品本身的特殊性决定了体育技术产品市场也有不同于一般体育商品市场的特点，具体来说，主要表现在以下几个方面：第一，体育技术市场通常是卖方垄断市场，往往供给者只有一个，而需求者则较多；第二，在体育技术市场上成交的体育技术产品，往往都是一次性的；第三，体育技术产品的价格大都是通过供需双方的协商来确定。

## 四、体育消费

### （一）体育消费的概念

体育消费是在社会经济和媒体产业高度发展的基础上建立起来的，如果没有一定的经济基础或者现代媒体业的产生，体育消费是不可能得到发展的。因此说，体育消费是经济水平和媒体业共同发展的产物。经过一段时期的发展，体育消费成为推动各行业发展的重要动力，同时也作为重要因素对经济、文化发展产生重要的影响。

在现代生活中，体育消费是人们生活消费的重要组成部分。体育消费就是人们结合自己的需要和条件，在寻求和购买各种体育产品（服务）的行为过程中对体育消费资料的使用和消耗。

一般来说，体育消费主要包括两个部分，一个是体育机关及运动队等在日常训练、科研活动中对体育物质资料的消耗，属于体育行政管理部门的消费；另一个是为满足居民个人生活和健身需要而对各种体育物质资料的消耗，属于居民个人体育消费。

体育消费并不是一时一日而成的，它是社会生产力发展到一定阶段的产物，是人们的物质生活在得到基本满足的条件下而产生的一种选择，是人们对体育功能新认识的一种新型消费类型，是人们在闲暇时间里自由选择的一种个人消费行为。随着现代社会的不断发展,以及闲暇时间的不断增多,人们的生活方式开始逐步的发生转变,开始由健身化向休闲化转变,这就在一定程度上对人们的体育消费水平的不断提高起到积极的促进作用。

## (二)体育消费的类型

一般来说,以消费者所获得的不同功能的体育消费品为基础,可以将体育消费大致分为以下几种类型。

1. 观赏型体育消费

观赏型体育消费是指人们用货币购买各种入场券及门票,通过观看体育比赛来达到愉悦身心目的的各种消费行为。较为具有代表性的有观看足球世界杯、中超比赛、田径世锦赛等。

2. 实物型体育消费

实物型体育消费是指人们用货币购买各种与体育活动有关的体育物质消费资料的行为。较为具有代表性的消费行为有:购买运动服装、运动护具、运动器材、运动纪念品、体育彩票等。

3. 参与型体育消费

参与型体育消费是指人们用货币购买参加体育活动权利、享受相应服务的消费行为。这种消费类型是体育消费的核心内容,最能代表体育消费的特点。

总的来说,在现实生活中,不同类型的体育消费之间并没有明显的界限,各种体育消费类型互相交叉在一起,在人们的体育消费中,既有参与型消费、实物型消费,又有观赏型消费,人们通过这一消费活动在使自己的精神文化生活得到较大丰富的同时,也在一定程度上推动了体育产业的发展。

## (三)体育消费结构

体育消费结构能够在一定程度上将人们体育消费的内容、消费水平以及消费质量反映出来,同时,也能够将人们对体育消费的满足状况反映出来。可以说,体育消费结构是人们在总体体育消费过程中所消费的各种不同类型的体育产品(包括体育劳务)的比例关系。

1. 以全社会或家庭为单位体来看

目前我国最基本的体育消费结构是人们购买体育用品、体育服装、体育赛事门票以及体育健身等之间的比例关系。总体来看,居民的体育实物消费比重要远远大于非实物体育消费。由于各地区的经济水平有所差别,这也就决定了东部、南部地区的体育消费水平要高于西部、北部地区的情况。

2. 以消费群体的角度来看

体育消费结构主要是大众消费者和商务消费者之间的比例关系。大众体育消费者是体育产品的最终用户，在消费过程中所产生的各种支出构成了体育市场交换价值的一部分。而商务性消费则主要包括政府机关、赞助商和媒体等单位。商务消费者往往不直接参与消费体育产品的过程，而是通过购买、流通和转换体育消费产品，进而构成了体育市场的另一个收入来源。

### （四）体育消费的特征

通常情况下，体育消费的特征主要表现为体育特征、经济学特征、理性消费特征和文化特征等几个方面。下面就对这几个特征进行分析和阐述。

1. 体育特征

体育消费所具有的体育特征是指消费者以体育运动为中心，采取各种方式进行的体育消费，其重点在于体育运动。人们参与体育消费，主要有主动体育消费和被动体育消费两种。主动体育消费是一种积极的社会体育活动，是体育运动发展和社会发展水平的一个重要部分。

2. 经济学特征

人们在参与体育消费的过程中，主要是通过货币交换的形式进行消费的。体育消费者只有支付一定的现金，才能获得相应的体育产品或服务，因此我们就可以从经济学角度去考察人们的体育消费行为，由此可以得出，体育消费具有经济学特征。

3. 理性消费特征

人们参与体育消费是一种有意识的行为，这种行为是具有理智性的并且是可重复的消费行为。

4. 文化特征

人们的体育消费行为与自身的文化素质之间有着密切的关系，体育消费者的消费观念和方式反映了不同的文化传统，这也是体育消费者所选择的生活方式的重要组成部分。由此可见，体育消费也具有一定的文化属性。

## 五、体育资本经营

### （一）体育资本经营的概念

在体育经济、社会活动中，以体育资本增值为目的的经济活动，就是所谓的体育资本经营，具体来说，主要是指体育货币资本、体育人力资本的经营。从某种意义上来说，体育资本经营作为一个经济学属性的概念，是资本运营的理念模式在体育领域中的推广和运用。

## （二）体育资本经营的特点

相较于体育生产经营来说，体育资本经营是以体育资本直接运作方式实现体育资本的增值的，而往往不会通过体育商品这一中介，或者以体育资本的直接运作为先导，需要通过体育物化资本的优化组合，进而使其运行效率和获利能力得到有效的提高。体育货币资本、体育人力资本等要素资本化的基础上，在体育产权层次上间接支配体育资本各要素，就是所谓的体育资本的直接运作。从实质上来说，体育资本经营就是证券化了的体育资本，可以按证券化操作的体育物化资本为基础，通过优化配置来使其生产率得到有效提升，从而使体育资本市场价值得到有效提高的经营活动。鉴于此，体育资本经营具有较为显著的特点，具体来说，主要表现在以下几个方面。

### 1. 体育资本经营的目的方面

体育资本经营的主要目的在于较高的体育资本收益。为此，体育资本经营要求将有关的体育财产资本化。体育资本经营不仅表现为体育货币资本、体育虚拟资本彩票、产权凭证三种形式，而且同时也将具有其自身特点的体育的人力资本经营表现了出来。

### 2. 体育资本经营的对象方面

体育资本经营的对象是证券化了的体育物化资本，而不是体育产品、器械、场地等体育物化资本，如股票，是可以按证券化了的体育资本操作的体育物化资本；如股权，可以转化为股票、股权的有形资产和无形资产。通常来说，体育资本经营与体育资产的具体使用相关的生产销售等经营活动没有太大的关系。体育资本的收益、市场价值以及相当的财产权利，是体育资本较为注重的方面。

### 3. 体育资本经营的核心方面

体育资本经营的核心在于运行效率问题。具体来说，就是如何通过优化配置能够提高体育资产的运行效率、体育货币资本与体育人力资本的运行效率，进而对体育资本的不断增值起到积极的推动作用。在运作方式上，主要有两种形式：一种是表现为以产权市场为依托，实现体育产权交易，卖出收益较低的资产，买进预期收益率较高的资产，使体育资本结构不断优化，确保体育资本的保值、增值的转让权的运作；一种是表现为以获取较高的收益为目的，长期持有某一体育企业，如俱乐部的全部股份或部分股份，并能参与有关的战略决策的收益权和控制权的运作。

## （三）体育资本经营的内容

相较于一般意义上的资本来说，体育资本有着较大的差别，具体来说，其所包含的内容主要有两个方面：一方面，是资本市场上的各种货币资本；另一方面，是各种体育市场的虚拟资本、技术和人力资本。从广义上来说，体育资本运营将资本运营仅仅存在于企业的局限打破，以体育赛事为代表的项目运作等各方面也将其充分体现了出来。

近年来，资本风险投资和项目管理的理念被一些体育赛事的承办及经营者运用到体育赛事的运作管理中，通过利益共享、风险分担的方式，将赛事的各项收益进行分割，将银行、保险、风险投资公司、彩票发行商等资本运作主体引入赛事的运作经营中，这就使体育赛事融资渠道能够得到进一步的拓宽，将体育赛事的经营转化成为集合各种性质资本的投融资项目形式，这就使体育资本经营的效率得到了非常大的提高，从而盘活了游资。使得体育资本经营展现前所未有的活力，其高风险、高回报的投入产出模式，吸引了大量的资本注入，成为拉动产业经济发展的一大动力。

### （四）体育资本经营的作用

中国体育需要进行资本经营，其不仅与体育发展的方向有着非常密切的关系，同时，也是体育发展的一个重要动力。从体育资本经营的内涵及其变化发展的过程看，其在很多方面都有着较为重要的作用和意义，具体来说，主要从以下三个方面得到体现。

1. 能够使中国体育企业的发展速度进一步加快

经过不断的发展，我国的体育竞技已经取得了理想的成绩，规模也越来越大。但是，不可忽视的是，我国体育企业也存在着一些问题，比如，有的体育俱乐部营利水平下降，亏损严重，有的与体育联姻的企业进行着低效、无效甚至负效运营，大量的存量资产难以流动重组，经营机制不灵活，资本运营率不高，有的濒临破产。从实际意义上来说，这种俱乐部，有关的企业问题是在计划经济体制下积累起来的，有的是在改革过程中形成的。从总体上说，导致这些问题的原因主要是缺乏资本和资本经营观念，不懂得体育货币、体育人力可以转化为资本，鉴于此，可以开展体育资本经营。体育资本经营活动能够对体育货币、体育人力向资本转化起到积极的促进作用。

2. 有助于体育企业改革、经济增长方式的进一步优化

其中包括体育资本在内的体育生产要素的组合和利用方式，就是所谓的体育经济增长方式。长期以来，在体育领域是实行计划经济体制下的粗放型的增长方式，表现为在体育领域中依靠大量增加体育生产要素以求体育经济增长，形成了一定的结构性矛盾，具体表现为：资产存量大，体育企业规模小，素质不高，小而全，重复分散等。对于此，体育资本经营通过促进资产的流动重组来使体育经济增长方式得到改进和优化。由此，可以将体育资本经营的作用大致归纳为两个方面：一方面，是体育产权证券化的作用，具体来说，就是体育资本经营要求在证券化了的资本，或按证券化操作的资本基础上进行，这就使体育企业的资产在体育资本市场和体育产权市场流动，从而也为体育资产的重组奠定了较好的基础；另一方面，是体育资本经营机制的作用，具体来说，体育资本经营的一个核心指标，是体育资本的利税率和体育资本的回报率。为此，体育企业的经营者必然会自觉地按

体育资本经营的规律操作，这样在体育资本经营机制作用下，长期的粗放经营使得大量资产闲置，长期在低效、无效、负效状态中运行。

3. 能够对现代企业管理制度的建设起到积极的促进作用

体育资本经营对于体育领域或体育相关领域的体育现代企业制度的建立和发展会产生有利的影响，通过现代企业制度的建立，来为体育资本经营的实施奠定良好的基础。换句话说，建立体育领域的现代企业制度就是要建立适应市场经济要求、产权清晰、权责明确、政企分开、管理科学的现代企业制度，确定体育企业的法人财产权，明确体育投资主体和建立规范化的体育企业法人治理结构及其约束机制，使体育企业如俱乐部一般成为真正的体育市场竞争主体，使体育企业以体育资本为核心经营，并将体育资本的保值、增值以及体育资本效率和体育资本收益最大化，是体育企业经营的根本目的所在。体育资本经营对完善体育领域的现代企业制度具有积极作用，其对于体育企业的法人财产权的确立，体育企业的投资主体的明确，以及整个社会的资本市场都会产生积极的促进作用，因此可以说，其对资本市场包括体育资本市场的发育也会产生非常积极的影响。

## 第二节　体育产业的内容与类别

随着体育运动的不断发展，与之相关的体育产业的内容也逐渐得以丰富起来，体育产业的类型划分也越来越明确，越来越细致。下面主要对体育产业的内容和类别进行分析和阐述，进而更好地了解体育产业。

### 一、体育产业的内容

体育产业能够使人们对体育的多样化需求得到满足，是一切生产性组织和经营性组织的集合，是包括体育生产制造业、体育用品销售业、体育设施业、体育服务业等在内的综合产业。体育产业的内容主要包括四个方面，即体育本体产业、体育相关产业、体育延伸产业和体育边缘产业。

1. 体育本体产业

体育本体产业指以体育自身特性为主要依据而进行生产、服务的部门，比较具有代表性的有体育培训业、竞赛表演业等，是一种产业部门群体。

2. 体育相关产业

体育相关产业指以体育为资源和手段进行生产、服务的部门，比较具有代表性的有体育用品制造业、体育广播等，是一种产业链。

3. 体育延伸产业

体育延伸产业指在体育产业周围形成的综合性的行业网络，各个行业之间没有性质上的联系，只有形式上的联系，比较具有代表性的有体育赛票、体育保险、体育旅游、体育经纪等，是一种行业网络。

4. 体育边缘产业

体育边缘产业指为了更好地发挥体育本体产业的效益而提供综合服务的部门，比较具有代表性的有为体育活动提供的饮食、住宿以及纪念品等，是体育本体产业的重要组成部分。

## 二、体育产业的类别

在体育产业的分类上，国内外体育专家所持有的观点也存在着一定的差异性。下面就对此进行详细的分析和阐述。

### （一）国外体育专家对体育产业的分类

国外体育专家及学者关于体育产业分类的观点主要集中在以下三个方面，分为三种模式。

1. 皮兹模式

皮兹模式是由学者皮兹于1994年提出的，这一模式把体育产业分为了体育表演、体育生产、体育推广三类。

2. 米克模式

米克模式是由米克于1997年提出的，这一模式把体育产业分为体育娱乐、体育产品、体育支持性组织共三个部分。

3. 苏珊模式

苏珊模式是由苏珊于2001年提出的，这一模式将体育产业划分为体育生产和体育支持两大类，其中体育支持类还可以扩展为政府内相关的体育机构、各级种类的体育协会、体育管理公司、体育媒体、体育用品的制造和销售、体育设施的建设与运营六个种类。

总体来看，国外体育专家及学者对体育产业的分类是在当代西方社会经济条件下体育产业的生存和运作方式的基础上进行的。在西方发达国家，体育产业的发展时间较早，体育产业被普遍认知为向市场提供体育娱乐产品的行业，基于此，国外体育学者及专家对体育产业的分类基本上是按照体育娱乐产品的生产、营销、组织管理的业务流程的细分。他们对体育产业分类的思路基本相同，就是以体育娱乐产品的生产与管理流程为依据来进行分类，在这一前提下，体育产业系统主要分为三个部分，即体育生产子系统、体育营销子系统和体育支持保障子系统。

另外，体育产业链上下游的关系也可以作为一种划分标准来进行分类，按照这一划分标准，能够将体育产业划分为上游产业、中游产业和下游产业。其中，上游产业是指体育产业的原产业，主要反映体育产业的原生态，包括健身娱乐业和竞赛表演业；中游产业是指间接为健身娱乐业和竞赛表演业服务的支持性产业，包括体育器材、体育服装、体育鞋帽、体育媒体、体育中介、体育培训、体育场馆运营、体育保健康复等；下游产业是指间接为上游和中游产业服务的相关产业，缺少下游产业并不会对原产业的生存和运作产生影响，包括体育食品、体育饮料、体育旅游、体育建筑、体育博彩、体育房地产等方面。

根据体育产业链上下游关系的划分标准，是与体育产业发展特点相符的，它主要对体育产业是以体育活动为原点的生产、经营以及开发的产业链进行了阐述，同时，也将体育产业与一般产业之间的关系清晰地表明了出来，将体育产业自身的特点突出出来。

在现代市场经济条件下，体育产业的发展和革新的速度是非常快的。例如，群众体育中的体育活动因组织方式的变革而产生了健身娱乐业；竞技体育中的体育活动因竞赛组织的商业化和职业化的发展而设立了竞赛表演业。围绕这两个主业，经过不断的变革与发展又产生了一系列衍生性的产业。在新时期我国体育产业发展的过程中，必须要将群众体育和竞技体育的发展作为重中之重，因为这两个主业是整个体育产业发展的根源，只有上游产业做好了，中游和下游产业才能得到更好的发展。

## （二）国内体育专家对体育产业的分类

国家体育总局颁发的《体育产业发展纲要》（以下简称《纲要》）中也对体育产业进行了类型的划分。具体来说，就是将体育产业主要划分为体育主体产业、体育相关产业和体办产业等分类，这一划分方法是国内关于体育产业最为权威的划分方法。

1. 体育主体产业

体育主体产业是指由体育部门管理、能发挥体育自身价值和功能的、提供体育服务为主的体育产业经营活动。体育主体产业主要包括竞技体育产业、体育教育科技产业、群众体育产业、体育彩票和体育赞助等。

2. 体育相关产业

体育相关产业是指与体育有关的其他产业的生产和经营活动，如体育场地、体育器材、体育服装、体育食品、体育饮料、体育广告和传媒经营与管理等。

3. 体办产业

体办产业是指体育部门随着创收和补助体育事业的发展而开展的、体育主体产业以外的生产经营活动。

体育商品不同的性质是《纲要》对体育产业进行类型划分的重要依据。这一划分标准可以将体育产业分为两大类：一类是可以分为竞赛表演、健身娱乐、体育媒体、体育旅游、体育培训、体育博彩、体育中介、体育康复保健等的体育服务业；另一类是可以分为体育器材、体育服装、体育鞋帽、体育食品、体育饮料、体育建筑等体育配套业。

值得注意的是，《纲要》对体育产业的类型划分既有一定优点，也存在着一定的缺点。具体来说，优点主要表现在两个方面：一方面，其将体育产业的概念与分类突出了出来；另一方面，这一分类方法具有很强的可操作性，对于体育市场的培育和发展是较为有利的。缺点主要在于这种分类是站在部门管理的角度上对体育产业的分割，在此标准下，第一类和第三类产业是体育部门管得着的，第二类则是体育部门管理职责以外的。因此，从这一方面看，《纲要》对体育产业分类的科学性是有待完善的。

## 第三节　体育产业的属性与特征

体育产业具有其本身的特殊属性，同时，也具有较为显著的特征。需要关注的是，我国的体育产业与世界范围内的体育产业在特征上存在着一定的差异性。

### 一、体育产业的属性

体育产业是在现代市场经济条件下形成的一种产业形态，可以说，体育产业是体育运动由原来自给自足的自为模式向组织化、生产化、消费化和盈利化的产业运营模式转变的产物。体育产业是在市场经济条件下，体育活动组织专门化、参与消费化、运作营利化孕育的新型产业形态。它的外显形式是体育商品的不断涌现，以及体育经营企业的不断扩张。但是判断体育产业属性的关键在于其价值内核，因为价值内核对体育产业的存在与发展具有重要的决定性作用，如果体育产业没有了价值内核，则体育产业将不复存在。由此可以判定体育产业的基本属性只能是隶属于第三产业的现代娱乐业。

另外，在体育相关产业中，体育服装、鞋帽、器材、食品、饮料等大量的实物性商品也存在着，这些是否属于体育产业，则要通过体育产业的概念来判定。首先，体育服装、器材等实物性产品都是围绕体育活动而开展的，二者有着明确的主副关系。体育物质产品的生产经营作为主业配套而存在，并不构成对体育产业本质的否定；其次，世界上所有的国家都将体育服装、器材等的生产和经营排除在体育产业之外，这已经形成了一个共识。很多国外学者认为，判定体育服装、器材等实物产品是否属于体育产业的关键在于使用此种产品的意图和此种产品的最终市场。社会大众使用体育服装、器材等实物性产品的根本意图是进行体育活动，而这些产品最终的市场也属于体育消费市场。由此可以得知，应该将这些体育实物产品归为体育产业一类。

从上述内容中可以得知，在认识与了解体育产业的基本属性时，要本着透过现象看本质的原则进行。不仅要坚持质的规定性，即坚持娱乐业是体育产业的基本属性；而且还要坚持体育产业上下游之间的天然联系，不能把体育产业只限定在只提供体育服务产品的一维空间。只有这样，才能对体育产业的本质属性有更加深入的了解和认识。

## 二、体育产业的特征

体育产业有着较为显著的特征，而对于世界体育产业和我国体育产业来说，两者的特征是有所差别的。下面就分别对世界体育产业和我国体育产业的特征进行分析和阐述。

### （一）世界体育产业的特征

世界体育产业的显著特征，主要表现在以下几个方面。

1. 商业化程度较高

目前，体育产业进入了一个快速发展的阶段，体育产业已经渗透进社会生活的各个方面、各个行业之中。而体育产业的高度商业化是其发展的主要特征之一。以美国NBA职业篮球联赛为例，NBA是迄今为止最成功的体育经济产品之一。NBA利用多年积累下来的完善的市场运作、成熟的商业理念、全方位的产品包装等将其商业帝国成功地推向全世界所认识。

2. 有着广泛的影响力

随着现代人亚健康状况的不断严重，人们对体质健康提出了更高的要求，在业余时间大多数人倾向于参加各种各样的健身运动，世界体育人口的数量呈现出不断增长的趋势。现代体育产业的魅力巨大，尤其体现在商业价值上，它吸收着众多的公司以体育赞助和广告的形式参与到体育产业中来，影响力非常广泛。

3. 有着较高的产业产值

随着现代社会的不断发展，经济水平逐渐也上升到了一个新的高度。随着人们体育活动需求的不断增长，体育产业的产值也在不断地提高。体育产业消耗能源少，环境污染少，符合转变经济增长方式的要求，是一个可以长期存在和可持续发展的产业。

4. 从业人数较多

由于体育产业有着较为广泛的影响，因此，这就促使体育产业成为了就业的重要途径，也在一定程度上解决了就业难的问题，因此，具有促进就业的特征。伴随着体育运动的社会化、职业化、商业化，体育产业的国际化程度正在不断加强，体育产业必将在扩大内需、吸纳就业等方面，在国民经济发展中发挥巨大的推动作用。

## （二）我国体育产业的特征

我国是具有中国特色的社会主义国家，因此，我国体育产业的特点与西方国家体育产业的特点也存在着一定的差异性。我国的体育产业具有体育事业和体育产业之分。具体来说，可以从以下三个方面得到体现。

1. 属性和特点的差异性

体育事业更重视社会效益，具有公益性和福利性，满足社会精神文明的需求是其主要任务。体育产业对经济效益更为注重，具有商业性质。谋求获利是其主要目的所在。

2. 资金来源方面的差异性

我国现行的财税政策表现为，财政上，事业单位所需资金是由国家财政拨款，企业所需资金是通过自筹或由银行贷款。税收方面，办事业不收税，办企业则交税。

3. 经济性质方面的差异性

事业经济的性质是产品经济，主要是靠行政指令来运行，在其运行机制中，以福利、公益和社会效益为主。产业经济的性质是商品经济，主要是靠市场调节来运行，其运行机制要求以经营为主，并在提高社会效益的基础上不断提高经济效益。

# 第二章　体育产业的结构与组织

## 第一节　体育产业结构的基本理论

### 一、体育产业结构的概念及研究

#### （一）体育产业结构的概念

体育产业结构是指体育产业内各生产部门之间的技术经济联系和数量比例关系。从这个概念可以看出，产业结构是工业经济的重要研究设施之一，体育产业结构是这个设施的其中一部分，它既体现了各种体育实物产品和服务生产部门之间在生产技术上相互依赖、相互制约的关系，也反映了各类经济资源（含体育资源）在各部门的配置情况和体育产业总产值的分布情况。

#### （二）体育产业结构的研究

在体育产业结构中，几乎所有的分支行业都是紧密关联的，而且各个部门之间的关系也非常紧密。这是对各种体育产业的要素和结构之间的联系和作用的明确反映。例如，健身娱乐的发展对体育用品行业的发展产生了积极影响，周边体育产业的发展需要本体论体育产业，体育产业的发展与支持周边体育产业的本体论是分不开的。纵观体育产业的产业链，每个环节都将对整个体育产业的发展产生决定性的影响。所以，为了厘清体育产业的结构，有必要全面分析、研究体育产业结构的各个组成部分和环节，并结合这些要素和环节进行综合研究。研究每个元素和环节需要从两方面来进行——定性和定量。在这个过程中，我们还应该注意不同元素、不同结构，以及相同元素和不同结构之间的相关性分析。

### 二、体育产业的基本结构形态

#### （一）体育产业的投资结构

各行业体育产业投资总额的分布称为体育产业投资结构。体育产业投资结构具体包括两种：股票结构和不断增长的投资结构。其中，向上投资结构的固化状态是股票结构。在研究体育产业结构的过程中，投资结构的研究必然是不可避免的。调整投资结构是规范体育产业结构的起点。在投资结构中两种结构类型的调控对体育产业的整体结构产生了不同的效果，具体分析如下：

一方面，对存量结构进行调整是优化体育产业结构的基本内容，具体是指将体育产业内部低效率行业的存量降低，并促进低效率行业向高效率行业流动和重组的实现；另一方面，对增量投资结构进行调整，就会对未来一定时期内体育产业的生产和消费关系、地区分布状况、内部各行业之间此消彼长的关系等情况产生影响，甚至是决定性的影响。不可否认的是，调整增量投资结构是实现存量结构调整的基本途径。

### （二）体育产业的产值结构

体育产业的产值结构包括两种类型：外部结构和内部结构。体育产业的发展程度可以从体育产业的外部结构反映出来，而体育产业内各产业的相对地位则可以通过其内部结构来体现。

1. 体育产业产值的外部结构

体育产业产值的外部结构是指体育产业总产值在国民总收入中所占的份额。它反映了体育产业的地位和作用。

2. 体育产业产值的内部结构

体育产业产值的内部结构是指体育产业总产值在内部各分支行业中的分配比例。它是衡量体育产业内部结构是否协调的一个重要指标，同时也体现出一个国家或地区体育产业的特色。

体育产业和体育是一个有机的整体。这应基于本体论促进体育产业的整个开发。具体来说，只有健身娱乐行业得到发展，对体育运动服装、器材的需求量才会逐步增加，体育用品行业才能得到一定的发展；只有当竞技体育行业得到广泛地开展，逐步提高体育竞技水平，才能激发人们对体育的热情，并随着越来越多的体育人才的成长去带动体育、媒体、广告、游戏、赞助商等相关行业的发展。此外，周边产业的发展也将带动体育本体的开发。

### （三）体育产业的需求结构

1. 中间需求和最终需求

（1）中间需求是指生产者和商家为了转售，为了进一步加工或制造而进行的购买需求。例如，健身房购买运动器材是运动的中间需求。

（2）最终需求是指全社会的消费者对社会总产品的最终使用或消费。

2. 政府需求和私人需求

根据体育要求的各个主题，体育需求可分为两类：政府需求和私人需求。

（1）政府需求。目前，在大多数国家，政府鼓励体育设施的建设，鼓励体育事业的发展，在这种情况下，政府对体育用品的需求正在逐步形成。例如，组织体育比赛和体育队伍的建立是政府需要的体现。

（2）私人需求。如果体育市场发展成熟，私人需求就是体育需求的重要组成部分。体育需求结构分析是体育发展战略的重要条件，它可以适应体育产业结构，推动体育产业的快速发展。

### （四）体育产业的就业结构

在所有行业中，全体员工的分布是所谓的产业就业结构。外部就业结构和内部就业结构是体育产业就业结构的两种类型：外部就业结构指的是在总就业量中，体育产业吸纳的就业人数所占的比例；内部就业结构指的是不同行业在体育产业中所吸纳就业的结构比重。一方面，体育产业的发展离不开最重要的经济资源之一——劳动力，任何行业都需要有足够数量的高素质的人才，在缺乏劳动力的行业，发展将不可避免地受到其影响；另一方面，体育产业本身的需求和技术也会影响体育产业的就业结构，如果公司对体育产业的需求增加，体育产业的就业需求也就将相应提高，所需工作量就会减少，并且对劳动力质量的要求就会提高。

## 三、体育产业结构的特征

### （一）整体性

从系统角度而言，系统的结构指的是系统的不同元素之间的联系，如果这些元素分离，那么这种联系就不可能存在。实际上，系统结构和系统元素是不可分割的。我们不能只是简单地将系统结构视为一组简单的元素或元素的融合品。系统结构基本上是不同元素之间关系的总和（如互惠关系、交互等）。系统结构及其运动的本质也是在不同元素的互相影响下形成的。在体系结构的诸多要素中，无法探寻此种体系结构的属性以及运动规律，相对来讲，每个因素的性质和运动取决于系统总体结构的属性和运动规律，其会发挥出限制性的和主导性的功能。

体育产业是集体性的，组成这个集体的因素有两个部分：公众体育活动和体育服务。其都涉及以下活动：在体育产业的各种活动之间的密切联系；不同活动之间的相关性非常强，关系更加复杂；如果体育产业由不同的部分组成，就不会产生很多效果。

正因为体育产业是简单元素的集合，其集体效果是非常强的，所以我们可以看到，体育产业的巨大集体效应是其结构的内在属性。只有充分整合体育产业结构的要素和环节后才能进行全面分析，才能对体育产业结构有一个全面的把握。在整个体育产业结构中，每个要素的生存和发展都依赖其他因素。生成一个元素可能是另一个元素的投入，一个元素的引入也可能是另一个元素的行业目标。从总的角度来看，任何单独的因素都不具备体育经济发展的总体效果。体育产业的整体效应不只是各要素功能的总和，它比每个部分的功能总和要大得多。

### （二）自发性

发展和优化产业结构需要保持系统结构的完整性，同时进行高效的转换生成，这就要求产业机构要自律，这是体育产业机构的自发性特征。

体育产业结构的自发性指的是通过体育产业经济体制的内在机制，可以对体育产业的结构进行自发的建设，并促进体育产业结构的完善。体育产业处于不断变化的状态中，这主要体现在其结构、内部要素和外部环境等方面。体育产业经济体系中的每个子系统都在不断地进行自我组织和适应，似乎有操纵这些子系统的"看不见的手"，而"看不见的手"主要是由于各子系统之间的协同作用和竞争而产生的。

### （三）转换性

事实上，系统结构的转换是生成系统结构的过程。系统结构的构成或加工功能是系统在其规律的控制下，不断对新材料进行加工和处理，以反映出其自身新结构的能力。这种能力就是系统的转换性。基本上，体育产业的结构问题是资源配置问题。因此，我们可以从资源转换的角度来分析体育产业的结构。换句话说，体育产业通过产业结构的有效运作，不断从外界引进材料、能源和信息，以及在不断地生产和创造各种体育产品方面取得相应的成效，满足社会群体的不同社会需求。体育产业的结构转换是重新调整体育产业内的资源，调整不同部门之间的资源比例，尤其是调整劳动力、资金等行业内不理想的其他子行业的运动。相关产业结构变量促进了产业发展，也推动了体育产业结构的整体优化。

### （四）层次性

一般来说，不管是哪一种系统，都可以分解成多个子系统，而且，任何系统都可以与其他系统组合成为一个更大的系统，体育产业体系也是如此。体育产业这个大型系统包括诸多小型系统，其中小型系统还可以细分成更小的系统。

体育产业的结构是在各种因素综合作用下形成的，许多因素都会限制体育产业结构的形成。因此，体育产业发展的各个阶段都会出现不同程度的产业结构。从体育产业结构层面分析，体育产业结构体系的特征可以从不同的角度进行发现，这对我们深入研究、认识体育产业的发展现状和结构方向具有重要意义。体育产业的结构水平反映了体育产业结构的优化，这主要是通过分析体育产业结构的属性和质量来实现的。

# 第二节　体育产业组织的基本理论

体育产业组织，是指市场经济条件下市场形成和体现的国内体育产业公司之间的利益关系。其中主要包括交换关系、竞争垄断关系、市场占有关系、资源占用关系等。体育产业组织理论的主要作用是分析体育产业运行过程中的这些复杂关系，发现体育产业内企业关系变化的规律以及对企业经营业绩的影响。产业组织理论是一个由市场结构、市场行为和市场绩效组成的理论体系。作为产业组织理论的体育产业组织理论，还有必要研究内部市场结构、市场行为和体育产业市场表现之间的逻辑关系。

## 一、体育市场结构

"市场结构"是现代产业组织理论中最基本的概念，它一般是指产业内企业间市场关系的表现形式及其特征。在现实市场中，市场主体之间的关系集中体现为市场的竞争和垄断关系。结合市场竞争和垄断的不同程度，人们一般粗略地把市场结构划分为完全竞争的市场结构、完全垄断的市场结构、垄断竞争的市场结构和寡头垄断的市场结构四种类型。其中，完全竞争和完全垄断是两种极端的市场结构，现实中的绝大多数市场是介于这二者之间的垄断竞争和寡头垄断两种类型。体育产业中绝大多数市场也属于这两种市场类型。

产业组织理论研究的重点是在垄断竞争和寡头垄断市场类型条件下的市场结构、市场行为与市场绩效及其相互关系和政府干预的政策建议。在研究过程中，完全竞争和完全垄断的市场结构、行为与绩效通常是研究垄断竞争和寡头垄断的市场结构、行为与绩效的参照物和出发点。

### （一）体育市场结构类型

西方经济学通常将市场结构分为四种基本类型：完全竞争、完全垄断、寡头垄断、垄断竞争。

完全竞争又称为纯粹竞争。在完全竞争的市场结构中产业集中度极低，大量的买家和卖家集聚于市场上，每个买家和卖家参与交易的商品数量是市场商品交易总量中的一个极小部分，每个买家和卖家的市场交易行为都不足以影响市场价格，他们都是既定价格的接受者，而非决定者或影响者。完全竞争市场上产品的同一性很高，产品具有完全的可替代性，所以任何卖家都不会主动降低价格以增加销售量。在完全竞争市场中不存在任何进入和退出壁垒的问题，资源流动程度很高。完全竞争的市场信息非常完整。经济学家普遍认为，完全竞争的市场只是一种理想的市场。在现实社会中，只有农产品等一些作物才接近这种类型的市场。

完全垄断是与完全竞争相对的另一种极端的市场结构类型。在完全垄断的市场中存在百分百的产业绝对集中度。也就是说，所有产品都是由一家企业提供的。完全垄断厂商所提供的产品没有直接的替代品。由于存在最低资本规模、技术独占、专利和版权等法律上的特许经营权，以及完全垄断企业所采取的防守性策略等方面的壁垒，使得任何一家其他的厂商都无法完全进入垄断产品的生产和销售中。完全垄断市场同样是一种少见的市场类型。

寡头垄断是由少数大企业共同控制着大部分某种产品的生产和销售的市场结构。在寡头垄断市场中，由于大部分产品的生产和销售是由少数几家大企业控制的，每一家企业的产品都有很高的市场份额，所以产业集中度很高。寡头垄断企业所生产的产品有两种情况：一是产品具有较高的同质性，寡头企业之间存在战略依存关系；二是产品有较大的差异性，彼此相关程度较低。由于产业内的少数大厂商在资金、技术、生产规模、销售规模、产品知名度、社会影响力、销售渠道等方面占有绝对优势，所以新厂商很难进入这个行业的生产和销售当中。当然，由于投资规模和生产规模巨大，要想从这个市场中退出也是很困难的。寡头垄断是一种现代市场经济中比较普遍的市场结构类型。

垄断竞争另一种在现代市场经济中普遍存在的市场结构形式，也是一种比较接近于现实的市场结构。垄断竞争的市场结构中企业数量比较多，每一家企业的市场份额比寡头垄断的企业要小得多，因而单独一家企业很难对整个市场产生实质性影响。与完全竞争市场的企业不同，垄断竞争市场的企业生产的是差别产品。由于垄断竞争市场企业的规模都比较小，所需的投资规模自然也比较小，而且技术门槛比较低，所以企业进入和退出壁垒都比较容易打破。

当体育逐步市场化以后，体育作为一种产业将与其他产业一样，按照产业发展的内在规律运行。首先，体育企业要以利润最大化作为企业经营的基本目标。除了各级政府提供的公共体育产品以外，其他所有由企业提供的体育产品都属于商业体育产品。生产商业体育产品的企业，追求利润最大化是其根本性的利益动力机制。如果一家体育企业不能通过经营体育产业而获得最大化的利润，该企业理性的选择将是退出体育产业，把所拥有的资本和劳动转移到有利可图的产业中去。既然体育企业以利润最大化作为企业经营的基本目标，自然会根据市场供给和需求的关系确定产量和价格，不断进行技术创新和成本优化以保证在激烈的市场竞争中处于有利地位。其次，体育产业内部的企业基于企业内外部条件总是处于不同的市场结构之中。那么，体育企业的典型形态就主要是各种职业俱乐部、商业俱乐部、休闲健身中心、不同层次赛事组织者等，这些企业分别属于不同的市场结构，所提供的体育产品的统一程度也各不相同，进入不同市场结构的困难程度也不一样。而且，所有体育企业都试图通过提高产品差异化程度来维持一定程度的垄断，也试图提高投资率、拥有先进的设备和技术、实施一些战略障碍等来阻碍其他竞争者进入市场。从国内外体育产业的发展来看，体育产业市场结构分为三种：垄断竞争型市场结构、完全垄断型市场结构和寡头垄断型市场结构。

1. 垄断竞争型市场结构

垄断竞争型市场结构是一种低度垄断的、相对竞争的市场结构。这种类型的市场结构在体育产业中比较常见。在垄断竞争型市场结构中，企业的主体是大量的小企业，其中包括各类商务会所和社区体育组织。商业俱乐部是私人投资公司，它的目标是最大化参与大多数体育消费者提供的体育活动的利润。各类型的商业俱乐部在每一个城市都有比较广泛的分布，它们所提供的体育消费项目既有差别产品，也有无差别产品。它们为拥有更多的体育消费者而展开激烈的市场竞争。例如，它们可能运用各种标准化、优质化服务以及专家讲座、会员联谊、业余比赛、附加消费等方式不断培养出体育消费者，扩大市场的范围，提高企业的盈利能力；它们也可能通过政府部门的行政权力获得一些特许权、运用广告投入等方式构筑策略性壁垒，不断提高产品的差异化水平等措施来形成市场进入壁垒。但由于这些企业规模小、产品技术含量低、企业能力有限，因此进入和退出这些市场的障碍不仅很好破除，而且维护时间很短。所以，在一般情况下，新体育公司可以轻松进入这些市场，并与现有竞争者有效竞争。

对任何一个国家来说，体育产业发展的目标是多样化，但其最根本的目的是为了提高人民的身体素质和幸福感。在现代社会中，政府的职能是有限的。政府可以依靠资金，以确保所有的公民享有一定量的体育产品和服务，但不能满足体育人的不同需求。垄断竞争型市场结构中的体育企业尽管主观愿望和经营目的是追求最大化的利润，但它们必须通过为居民提供高质量的、多样化的体育产品和服务来实现其经营目的，客观上为提高国民素质和增进国民福利也做出了贡献。由于商业俱乐部的性质是私人的或混合经营的，其业务受到严格的市场限制，提供的体育产品一般根据市场需求组织决定，因此比政府机构更有效率。

从国外情况来看，在具有高国家健康指数和高国民福利的国家，不同类型的商务会所都很完善，人民的参与程度也会很高。商业俱乐部实际上承担了政府应该承担但又无力承担的职能。商业俱乐部的广泛发展在发达国家真正实现了政府、商业俱乐部、居民个人之间的三赢：政府方面，国民的身体素质得到提高，国民福利水平有所增加，同时，体育产业成为国家经济发展的新增长点和发动机；企业方面，从事了一个有远大发展前景的朝阳产业，实现了利润最大化的经营目的；居民个人方面，满足了多样化的体育需求，身体更加健康，精力更加充沛，精神更加愉悦，福利水平得到显著提高。

由具有共同爱好、兴趣的人们以缴纳会费和接受赞助的方式组建起来的一种非营利组织，其就是所谓的会员制的社区体育组织。会员制的社区体育组织的管理者通常是专业人士或志愿者，成员的数量具有相对严格的限制。会员制的社区体育组织也有一定程度的垄断和竞争的特点，能否筹办高质量的体育活动并形成品牌，决定着其能否拥有高水平的会员和能否得到更多的资金支持，当然也决定着其发展的前景好坏。不同会员制的社区体育组织之间会因吸引高水平会员的加入和筹措足够的活动资金而展开竞争。但是，会员制的社区体育组织在市场经济方面不是体育产业组织的主要形式，而是一种对商业型体育俱乐部等主导形态的有力辅助。

2. 完全垄断型市场结构

体育市场结构的垄断是市场的一个非常现实的结构形态。在现代体育产业发展的过程中，体育组织在特定地区完全支配体育消费品的生产和销售的情况很多。例如，国际奥委会已经完全垄断了奥运会的所有权利，包括项目和规模的设置、地点和时间的选择、各项收益的处置等。国际专业体育组织，如国际足球联合会、国际排球联合会、国际田径联合会等完全垄断了各种各样的国际体育赛事。一些在世界上非常著名的体育赛事，如德甲、意甲、英超，美国的篮球赛事NBA等，同样被本国的特定体育组织所垄断。

由唯一体育组织垄断某一个单项体育赛事，形成完全的市场进入与退出壁垒，排除一切可能的竞争者，保证高额的垄断收益，是完备垄断型市场结构最为典型的特征。《奥林匹克宪章》是一部关于奥林匹克运动行为规范的国际体育法规。它对现代奥运的诞生、奥林匹克主义和奥林匹克运动的概念、宗旨、目的、任务和活动内容及其相关事项做了相应的原则规定。其内容涉及国际奥委会的权力、职能、成员、会议和奥林匹克活动中的有关周期、产权、标志、会旗、会歌、格言、徽记和火炬等方面的规定，明确规定了国际奥委会拥有关于奥运会的一切权利。例如，它规定国际奥委会可以使用奥运权利进行业务操作，这将给国际奥委会带来巨大的垄断利润。国际奥委会收入的48%是通过出售电视转播权获得的。单单悉尼奥运会，国际奥委会就通过出售电视转播权获利13亿美元。国际奥委会从1985年开始实施一项吸引世界知名企业赞助奥林匹克运动的TOP计划。这个计划规定，要从全球各类产业中分别挑出一家最知名的且出资超过0.4亿美元的企业作为国际奥委会的全球赞助商。目前，通过这项计划的实施所获得的赞助收入已经达到国际奥委会全部收入的35%以上。国际奥委会还明确规定，任何希望在其产品或商业活动中使用"五环"标志的公司必须购买该标志的使用权，否则，这就是严格禁止的。通过销售标志"五环"，国际奥委会已获利超过总收入的8%左右。

在完全垄断的体育市场，体育组织在不同的领域都是独一无二的、完全排他的。无论是规模最大的奥运会赛事，还是足球世界杯赛、各个单项的国际赛事、洲际赛事以及各个国家的职业体育赛事，都毫不例外是属于唯一的体育组织指导和管理的，没有其他组织或个人可以干涉相关事务；访问和发布这些活动也有非常严格的规则和程序，否则将予以严惩。

3. 寡头垄断型市场结构

寡头垄断型市场结构同样是一种广泛存在的体育市场结构类型。从主要业务主体的角度来看，体育产业可分为竞技体育、体育广告、体育彩票、体育娱乐、体育建筑、体育旅游和体育用品。其中，体育用品业、体育广告业、竞技体育经营业最具有寡头垄断特征的。竞技体育经营业在美国收入最高的是拳击、橄榄球、棒球、篮球等体育活动，其赛事基本上也是由为数不多的几家公司垄断经营。在体育广告业中，大型赛事的广告经营主要由四五家大型广告公司所控制。

提供体育服务产品的竞争性行业，其寡头垄断的特征是非常明显的。首先，虽然个别体育竞赛市场是由一个完全垄断的体育组织控制的，也有不同的垄断组织，并保持在同一地区之间的市场竞争。在同一个地区，属于不一样的垄断组织控制的体育赛事可能在基本相同的时间举办，现场观众、电视观众、电视转播组织、赞助商、赛场广告发布申请人都有着充分的选择权。为了就相关问题形成协议，垄断组织之间需要就竞争时间、电视广播的时间和频率以及场地广告等问题进行谈判。由于寡头们的竞争在许多时候是恶性的、有巨大破坏力的，因此为了避免双方的损失，寡头们经常坐下来讨论与比赛时间、电视广播的时间和频率以及体育场的广告有关的问题，进而形成关于此事的沉默协议或协议。例如，属于同类比赛的欧洲的西甲、英超、德甲、荷甲、意甲等，属于不同比赛项目的美国的橄榄球、篮球、网球、棒球等职业赛事，都存在以上方面的竞争问题。其次，每个体育垄断组织都对其控制的体育赛事拥有高度垄断权。比如，它们有权利制定竞争规则，确定赞助条款和赞助的费用，以确定电视转播权价格和发行权竞争收入，以及标志产品和特殊产品等特定项目的实施；它们还专门设立比赛纪律处分机构，对违反规定的参赛者按一定程序采取取消资格、禁赛、罚款等各种不同程度的措施进行处罚和制裁；它们也建立专门的仲裁机构对比赛过程中发生的争议或争端进行仲裁。经过不断地探索和调整，每个体育专卖组织都创造了一个非常完善的运作机制，形成了一个非常独立的"体育王国"。寡头垄断市场有一定的进入和退出壁垒，基本的寡头垄断市场形成后，任何组织或个人都很难进入或插手现有的体育组织。例如，1998年，米兰媒体合作公司与英格兰利物浦队、意大利尤文图斯队、AC米兰队酝酿组织欧洲足球超级联赛，试图摆脱由欧洲足联主办的冠军杯、优胜者杯、联盟杯三大赛事，受到国际足联、欧洲足联等方面的强烈反对而导致中途夭折。这个案例说明，一旦创建了一个寡头垄断的市场，几乎不可能允许其他组织和个人进入。

当然，新的体育公司要进入这个市场，主要取决于已有寡头垄断组织力量是否强大和试图进入的新的体育公司是否有足够的组织实力。

## （二）决定体育市场结构的因素

工业经济认为，市场集中度、产品差异化、进入和退出壁垒、市场价格的需求弹性、市场需求的增长速度和短期的成本结构共同决定了市场结构。而市场集中度、产品差异化和市场进入壁垒与退出壁垒将是影响市场结构的最重要因素。在讨论决定体育市场结构的因素时，我们也主要重视这三个方面。

1. 市场集中度

市场集中度是用来表示一个特定的行业或市场结构和相对比例卖方或买方的数量指标。市场集中度可以反映垄断和集中在特定的行业或市场的程度。产业组织理论认为，市场集中度是影响市场结构的主要因素。买方集中现象通常只发生在某些特定行业。因此，当人们研究市场结构时，主要研究零售商的集中度。

市场集中程度取决于许多复杂因素，如公司规模、市场容量规模、行业壁垒高度以及横向并购的自由度。通常人们认为，公司的规模和市场容量是决定市场集中度的主要因素。首先，如果一个行业的市场容量保持不变，一些公司的比例越高，市场集中度就越高。简单来说，扩张公司有内在的冲动。为了实现规模经济，公司尝试降低单位产品的销售成本，扩大生产规模，增加市场份额，在行业中形成一定的垄断力量，进而为获取垄断利润创造条件。公司规模的扩大经常被公众看作企业家能力优秀的标志，扩大公司规模将成为企业家的积极追求。技术进步是企业规模扩大的重要推动力。技术进步的突出表现是新的机器设备、新的生产工艺的使用，这使得生产效率大大提高，企业规模也因此而迅速扩大。特别是在一定的时间期限内独家技术进步很可能使公司的规模扩大，加快公司的成长。尽管为了保持经济的活力，许多国家都会制定反垄断法，对大规模的企业联合和兼并行为进行限制。但是，经济全球化使每一个国家的企业都面临着不同国家同类企业的竞争，为了提高国内企业的国际竞争力，政府应该放松对企业并购的限制，甚至采取措施建立具有较强竞争力的巨型跨国公司。其次，市场容量的变化会影响相反方向的市场集中度。通常情况下，当市场容量减少或没有改变时，大公司会试图加强并购以获得更大的市场垄断力量来取得更多的收益。相反，市场容量增长将有助于降低市场集中度。当然，当市场容量扩大，大企业都处于竞争的优势地位时，往往会获得扩张的最有利时机。如果市场容量的增长速度比大企业快，那么市场集中度可能会减少。这就导致了市场容量的变化在很大程度上取决于经济发展的步伐、居民收入水平和消费结构的变化以及国家的宏观经济政策。

运用市场集中度原则对体育市场结构进行分析就会发现，体育市场集中度呈现两个主要特征：

一是竞技体育经营业、体育用品业、体育广告业市场集中度高于大多数产业部门的市场集中度。竞技体育经营业基本形成了完全垄断的市场结构和寡头垄断的市场结构，在大部分赛事组织上是由一家赛事组织机构完全控制或在区域范围内由几家赛事组织机构分别控制，因而市场集中度可以达到100%。体育用品业市场集中度也非常高。从美国商务部的有关资料来看，美国体育用品市场70%以上的份额是由四家最大的体育用品企业所控制。而在其他产业部门，除了极个别部门外，绝大多数部门四家最大的企业所控制的市场份额都低于70%；即使是垄断程度很高的石油部门，四家最大的企业所控制的市场份额也不足40%。而体育广告业中大型赛事的广告经营主要由四五家公司控制。

二是体育、休闲和健身市场的集中度非常低。运动休闲市场的典型特征是客户的要求多样且复杂，少数公司很难满足具有不同需求偏好的大量体育消费者的需求。在这样的市场中，企业只能进行严格的市场细分，结合体育人口的空间分布，选择最有利的商业方向，并确定操作和企业的位置的最佳水平，否则便难以生存和发展。体育休闲健身市场的特点也决定了大资本不可能进入这一领域，其结果是，这个市场的集中度在一个非常低的水平。

### 2. 产品差别化

市场集中度可能不能完全反映垄断与行业组织的竞争程度，因为产品差异化程度是非常重要的，即使市场集中度较高，也会显示激烈竞争的特征。

产品差异意味着，当公司向消费者提供产品时，通过各种方法创造出引发消费者偏好的特异性，以便消费者能够有效地将其与其他竞争性公司提供的类似产品区分开来，从而在激烈的市场竞争中取得一定的优势。通过对产品差异化战略的实施，影响消费者的购买行为，并创建消费偏好和忠实选择这些产品。产品差异化形成的途径特别多，主要包括加大研发投入以便及时优化产品的结构、功能和质量，设计产品的独特外观，提供更具体、高质量的服务，利用不同的分销渠道或新的独特的广告进行促销活动。产品差异化的核心就是形成可区别性和不可替代性，市场结构将逐渐向垄断竞争的市场结构发展。最终，这也会导致寡头垄断和垄断市场结构。产品差异化市场结构的直接影响主要有两个方面：一是公司可以维持或提高自身的市场份额和市场集中度，扩大产品差异化的规模，上位企业的垄断程度得以维持或提高，即使规模较小的下位企业也会因此改变自己在整个行业中的地位；二是现有企业产品差异化战略的实施可以培养消费者的偏好和对公司产品的忠诚度，这实际上给新公司试图进入市场制造了一定的障碍。

体育产业作为一个重要的产业门类，同样存在着产品差别性问题，并且有着自己的特点，这就是体育产业的特殊性。从竞技体育经营业来看，不同赛事组织者提供的体育服务产品是有差别的，如足球世界杯与奥运会就在内容和形式上有着许多不同，从而形成差别，但这类赛事有一定程度上的替代性关系。所以，国际奥委会与国际足联通过协商把比赛时间和比赛地点进行调整，避免双方对体育消费者的争夺。欧洲三大足球赛事之间尽管存在差别，但同样存在较高程度的替代性关系。此外，处于同一联赛的俱乐部，为了争夺观众和电视转播权的销售，也会采取多种多样的产品差异化策略，如引进超一流体育明星加盟、组建表演水平较高的啦啦队、营造个性独特的赛场环境和热烈的气氛、提供消费者的附加消费等，保证更多特色性的产品，从而提高产品的差别程度和市场的集中度。

相对于竞技体育经营业市场来说，体育休闲健身市场的产品差别程度要高很多。原因是体育休闲健身产业所面对的消费者数量庞大，并且消费者的兴趣各不相同，居住不集中，喜欢就近消费。这就要求必须满足不同消费者多样化的需求，提供不同的体育休闲健身产品。例如，我国东部发达地区的体育休闲健身企业提供的体育休闲健身项目要达到20种以上，而且每年都会有一些新的项目被开发出来，以供消费者消费。

3. 市场进入壁垒与退出壁垒

根据产业经济学的分析，市场进入壁垒和退出壁垒反映了新企业与原产业企业之间的竞争关系，以及新企业进入市场后市场结构的调整和变化。市场进入壁垒和退出壁垒反映了特定市场潜在的、动态的竞争和垄断程度。所谓进入壁垒，指的是在和之前的企业进行竞争的过程中，新的或潜在的企业遭遇到对其不利的因素。这些因素主要包括组织进入、政策法律制度、产品差异化、规模经济、绝对成本优势。其中，绝对成本优势指的是基于固定产量，相较于新的或潜在的企业来讲，当前既有企业可以用较低的成本生产出相同的产品。因为原企业成本低，新企业进入市场后，与原有企业相比，处于竞争劣势。原企业的绝对成本优势主要来源于对优良生产技术的控制。优先获取先进的稀缺资源的能力，包括管理能力以及从供应商获得更优惠价格的原料等投入要素的能力。规模经济壁垒使新企业在竞争中处于劣势地位，比原有企业生产成本要高很多，原因是新企业进入某一产业初期时很难形成规模经济。在产品差别化程度较高的行业中，构成进入壁垒的一个更为重要的因素就是产品差别。经过长期努力的原有企业已经形成有较高知名度和美誉度的品牌，拥有具有很高忠诚度的消费者群，新企业若想突破产品差别化壁垒，从原有企业那里争取到消费者，就要付出很高的销售成本。政府的政策与法律同样会构筑新企业进入的壁垒，如政府给予原有企业的进出口许可证、差别性的专利制度和税收壁垒以及政府制定的产业规模控制政策都会成为新企业进入的壁垒。另外，阻止新企业进入的还有在寡头垄断行业中寡头们所实施的利润率控制措施，以及针对新企业制定的歧视性价格等方式和行为。

退出壁垒是指企业难以退出某一产业部门的现象，无论是主动的还是被动的。退出壁垒主要由资产的专用性、沉没成本、解雇费用和政府政策法规限制。一般情况下，资产的专用性越强，沉没成本就越大，而企业就越难以退出。企业如果要退出某一产业部门，就必须解雇相关工人，所以必须支付数额巨大的退职金、解雇工资；即使继续留用工人，也要支付相当数量的转岗培训费用。为了阻止其退出，一些公用事业部门、特许经营部门会被政府制定的特殊政策法规加以限制。

体育市场的进入壁垒和退出壁垒有两种极端的情况存在。体育赛事市场是进入壁垒和退出壁垒都很高的市场，而体育休闲健身市场则是进入壁垒和退出壁垒都很低的市场。体育赛事市场的寡头垄断市场结构特征和完全垄断的市场结构特征主要是通过很高的市场进入壁垒和退出壁垒体现出来的。详细的章程和各种规则是所有的具有重要影响的赛事组织机构必不可少的，并制定了严格的限制进入和退出体育赛事市场的规定。所有的成员组织和运动员必须严格遵守这些章程和规则的要求，否则将会受到严厉的惩处。对成员单位而言，如果违背了有关规定，将会受到取消会员资格、停止各种活动、断绝经费支持、处以巨额罚款等多种形式的惩处；运动员如果违反了有关规定，也会受到停赛、禁赛、终身禁赛、罚款等形式的处罚。可见，无论是成员单位还是运动员，想中途退出都是十分困难的，坚决退出则会面临很高的风险。体育休闲健身市场跟其他大众服务业相似，企业数量多、规模小，企业自身难以设置进入壁垒，政府的产业政策往往又是持鼓励态度，所以，这类市场的进入壁垒和退出壁垒非常低。

## 二、体育市场行为

体育市场行为，是指体育企业和体育组织为了实现最大的利润目标或者更高的市场份额，而采取的适应市场供求关系变化的战略决策行动。体育市场结构的现状和特点将约束体育市场的行为，而体育市场的行为将影响和改变体育市场结构的状态和特征。一般来说，寡头垄断市场的竞争行为是体育市场竞争行为的主要研究对象。

### （一）体育市场的竞争行为

体育市场的竞争行为主要有定价行为、广告行为和兼并行为。

1. 定价行为

由于体育组织或体育企业的市场定价行为目标的不同，其所采用的定价方式也会有较大差异。如果体育组织或体育企业的目标是实现利润的最大化，可能主要采取成本加利润的定价模式、价格领先制定价模式；如果体育组织或体育企业的目标主要是追求更高的市场占有率，则主要采取降价策略为主的竞争性定价模式。

在体育市场上，如果市场竞争程度不高，许多企业都会采取最为简单的成本加利润定价模式。成本加利润定价法就是在平均成本的基础上加上一个预期利润水平的定价方法。这种定价方法的计算方法非常简单。如果市场竞争不够激烈，市场供求关系又比较稳定，通过实施成本加利润定价法，企业就能够获得预期的利润水平。但是，这种方法又是一种单边的主观定价行为，在激烈竞争的市场环境中，有可能会完全失效。例如，体育休闲健身市场在许多地方一旦发展起来，由于企业提供的产品具有较高程度的替代性，为获取更大市场范围所进行的市场竞争就会非常激烈，其中价格竞争是最主要的竞争途径之一，此时，成本加利润的定价方法就很难适应这种市场环境。

价格领先制定价模式是寡头垄断的市场的主要定价方式。从体育市场上看，价格领先制的实施主要是由一家体育企业或组织首先调节价格，其他体育企业或组织则跟随领先企业或组织相应地采取行动。价格领先制也有多种具体的定价模式，如主导企业定价模式、串谋领导定价模式、晴雨表型领导定价模式等。

主导企业定价模式一般是由规模最大、市场份额最高或社会影响力最大的企业首先确定价格，其他企业自愿跟随或者被迫跟随来确定自己的价格。例如国际奥委会和国际足联由于其所拥有的绝对权威和广泛的社会影响力，使其所确定的比赛门票、赞助费门槛等就能对相应的洲际比赛及各个国家的大型比赛的门票、赞助费门槛产生决定性的影响。

串谋领导定价模式是几家规模很大，实力和社会影响力相当的企业通过串谋共同确定价格，其他企业随之确定价格的模式。例如国际奥委会、国际足联等国际体育组织之间都会采取串谋的方式来确定比赛时间、门票价位、赞助费门槛等。

采取晴雨表型定价模式的情况主要出现在市场集中度比较低、竞争相对充分的市场上。在这种情况下，首先是由对市场条件变化更具有敏感性和预测能力的领导企业进行价格调整，其他企业以其对领导企业的信任程度为基础，对自己的产品价格做出相应的调整。由于企业规模比较接近，所以企业之间的行动协调比较困难，这就使得这种模式具有不稳定性。

以要追求更高市场占有率为目标的竞争性定价模式，根本方法是降低价格，但因具体目的不同所以又有掠夺性定价、限制性定价两种方法。

掠夺性定价也叫作驱逐对手定价，是指某一企业为了把对手挤出市场或逼退潜在的竞争对手所采取的降低价格的策略。在体育产业成长过程中，特别是竞技体育经营业以外的体育产业门类，一些具有较强实力的企业为了提高自己在特定区域市场中的产业集中度，逐步形成垄断地位，往往会采用这一策略性的定价行为。掠夺性定价策略有三个基本特征：一是掠夺性定价策略具有暂时性。一旦竞争对手被驱逐出市场，企业会很快恢复较高的价格——任何企业都不会在承担亏损的情况下向市场提供产品。只要竞争对手退出市场竞争，企业就会立即把价格提高到足以获得经济利润的水平以上。二是掠夺性定价策略的实际目的是缩减供给量而不是增加需求量。只有把竞争对手挤出市场，企业才能实现较高的产业集中度，才能确定具有垄断性的产量和价格，并保证企业获得最大化的利润。三是采取掠夺性定价策略的企业都是具有实力的大企业。在实力差别很大的企业之间容易发生掠夺性定价行为。因为实行这一策略大企业也要在短期内承担一定的损失，所以大企业更愿意通过兼并手段来消灭竞争对手。除非兼并成本过高，或者小企业愿意鱼死网破地对抗时，大企业才采取这一措施。

限制性定价也叫作组织进入价格，是指企业把价格定在获取经济利润，同时不会引起新企业进入的水平上。对潜在企业而言，当面对这一价格时会认为进入这一市场只能导致价格下降而失去利润空间，所以投资于该领域没有实际意义。企业采取限制性定价策略的直接目的就是阻止新企业的进入，实质上是一种牺牲部分短期利益以追求长期利润最大化的行为。因此，限制性定价策略与掠夺性定价策略一样，都不是企业长期定价的策略行为。不同的是，采取限制性定价策略的企业在短期内仍然有一定的利润，而采取掠夺性定价策略的企业要在短期内承担一定程度上的亏损。限制性定价策略所定价格的高低要受到市场进入壁垒的程度和规模经济的影响。一般来讲，市场进入壁垒的程度越高，限制性定价策略所确定的价格就会越高，因为市场进入壁垒已经在很大程度上阻止了新企业的进入，这时就没有必要用很低的价格来强化进入壁垒；反之，如果市场进入壁垒的程度很低，要阻止新企业的进入必须按平均的，甚至是更低的利润水平定价。当规模经济成为主要的市场进入壁垒时，企业在制定价格时，一要考虑让没有达到一定规模的企业无利可图，被迫退出市场；二要适当地增加产出，尽可能减少新企业能够得到的市场份额，使新企业因市场份额不足而无法进行规模经营，导致成本上升，最终退出市场。

除了上述价格策略以外，体育组织或企业还会实施价格歧视策略，以实现提高市场占有率、获取更高利润的目的。

价格歧视也称为差别价格，是指企业针对不同的消费者制定不同的价格。价格歧视又可分为一级价格歧视、二级价格歧视、三级价格歧视三种类型。

一级价格歧视也称为完全价格歧视，是指企业对其所销售的每一单位产品都向消费者索要最高的可能价格。一级价格歧视对企业来讲应该是最为理想的情况，但只有在销售者与消费者进行单独的、一对一的销售谈判中才能实施，对体育组织或者体育企业来讲是根本无法实现的。

二级价格歧视就是企业按照消费者购买商品的数量来确定价格。这种情况相对会比较普遍。体育组织和企业也可能实行二级价格歧视，如健身俱乐部实行的会员价格和非会员价格的区分，一些大型联赛实行的全赛季票价和单场票价的区分，都是典型的二级价格歧视。

三级价格歧视，是指企业把市场分成两个或多个不同的子市场，同一种商品在不同的子市场按不同的价格进行销售。三级价格歧视的条件一是市场分割，二是需求弹性不同。对体育市场而言，这也是一种常用的价格策略。例如NBA联盟在不同国家推广NBA时，对发达国家和不发达国家就执行了不同的票价。一些体育休闲企业在其他城市建立分支机构并进行市场推广时，也可能根据这些城市居民的收入水平采取低于原有城市价格水平的市场价格，以吸引更多的体育消费者进行消费。

2. 广告行为

广告行为是企业普遍采用的非价格竞争行为，它是向消费者提供产品信息，引入产品功能，引导消费者购买的行为。广告通常分为信息性广告和劝说性广告：信息性广告主要是为消费者提供产品的价格信息、产品的功能和特点、销售的地点和方式、售后服务等；劝说性广告主要是为了使消费者建立起产品差别性认识，并形成对产品的良好印象，从而影响潜在消费者的消费决策。

企业的广告行为能够对市场结构产生普遍的影响。首先，企业的广告行为能够促进消费者对企业所提供产品差异性的认知。广告是企业向消费者传递产品差异性信息的最重要的手段和途径，企业可以通过广告中的有效诉求，让消费者切实认知其所提供产品的与众不同，以便把这些产品与其他企业提供的竞争性产品区分开来。其次，企业的广告行为可以增强进入壁垒。消费者的主观喜好和对自己所提供产品的忠诚度能够被企业大量的广告投入所造成一定影响，从而提高企业本身和其所提供产品品牌的知名度。当一家企业通过比较系统的、持续的广告运作，使企业和特定产品成为一种在一定区域范围内文化、质量、消费档次的象征时，企业广告的投入实际上就成了一笔巨大的无形资产，潜在的市场进入者要在这种情况下进入该市场，从原有企业手中分得一部分市场份额，就必须投入更多的广告费用以克服原有企业已经形成的商誉，这无疑使其在竞争中处于劣势状态。由此来看，企业的广告行为是产业内部不同企业之间市场份额差距扩大和市场结构发生变迁的重要原因。

在体育市场上，企业的广告行为既具有所有企业广告行为的一般特征，也具有自己的特殊性。除了竞技体育经营业以外，其他体育产业部门的广告行为符合企业广告行为的一般特征，只是这些体育产业部门的广告能够更多地利用名人效应和赛事效应。例如，体育服装鞋帽制造企业，或者签约一些国际级别的受到人们普遍喜爱的体育明星作为代言人，或者会作为赞助商在一些重大的国际比赛赛场、世界著名的联赛赛场进行产品推广，以极大地增加产品品牌的知名度和产品销售量。

体育市场上比较容易的是竞技体育经营业的广告行为。一是大型体育赛事既需要通过广告进行广泛的宣传，又会成为其他企业广告宣传的载体。这个特征是生产物质产品企业的经营活动根本无法具备的。大型体育赛事的组织者为了吸引更多的体育消费者观赏体育比赛，就必须对赛事进行广泛宣传以取得最大化的利润。体育比赛一旦举行，马上会成为现场体育观众和电视观众关注的焦点，所以许多大型企业为了获得赛场广告权，宁可重金资助体育赛事。对电视观众来说，精彩、激烈的体育赛事有着巨大的吸引力，这又是电视台插播广告的最好机会，所以为了电视转播权，电视台会不惜重金购买赛事的转播权。因此，竞技体育经营业的广告行为实际上是在与广告媒体的商业合作中实现的，而不需要投入巨额的广告费用。体育赛事组织机构最重要的工作是提供最为精彩的赛事并对媒体企业进行销售推广。二是大型体育赛事往往会得到政府的高度重视和支持。大型体育赛事被许多国家或者城市当作宣传自己国家或城市的一个重要平台和名片，甚至会当作拉动相关产业发展的重要推力，所以政府也会利用自己的宣传工具和手段为这些赛事进行广泛的宣传。这就大量节省了赛事组织机构的广告成本。三是大型赛事一旦被广大体育消费者所认可并形成在全社会有广泛影响力的品牌，每一个体育消费者事实上也就成为一个广告宣传者，这也就降低了大规模广告宣传的必要性。尽管如此，任何体育赛事也都需要体育赛事组织机构运用多种广告形式进行赛事推广，这还是要支付一定的费用的。

3. 兼并行为

兼并行为是指两个以上的企业在自愿的基础上依据法律规定，通过订立契约而结合成为一个新的企业的组织调整行为。由于企业兼并行为使市场集中度能够得到较大幅度的提高，市场进入壁垒的程度有所增加，所以兼并后的企业能够获得更为强大的市场支配力量并导致垄断的出现。所以，人们一般认为以企业兼并为主的企业组织调整行为是对市场关系影响最大的市场行为。

企业兼并行为有横向兼并、纵向兼并、混合兼并三种类型。

横向兼并也叫作水平兼并。实行兼并的企业属于一种产业，生产一类产品或处于一种加工工艺阶段。在体育产业内部，横向兼并经常发生，如许多著名的体育用品生产企业都是在不断合并生产同类产品的其他企业的基础上逐步成长起来的。在竞技体育经营业中，横向兼并相对要少一些，但也时有发生，如NBA联盟中的许多球队就兼并过低一层次的球队。

纵向兼并也叫作垂直兼并。实行兼并的企业之间存在前向或后向的联系，分别处于生产和流通的不同阶段。这种兼并方式在竞技体育经营业中比较普遍，一些体育用品或体育设施制造企业对职业俱乐部的兼并，一些著名的职业俱乐部对体育用品零售企业的兼并，都属于这种类型的兼并。

混合兼并也叫作复合兼并，是指属于不同产业，生产工艺上没有联系，产品完全不同的企业之间的兼并。例如，英国著名的胶片生产公司API公司对美国DC联队的收购，英国投资公司对苏格兰、意大利、捷克、希腊、法国等国家足球俱乐部的收购，都属于这种类型。

现实的体育市场上的企业兼并行为在许多情况下是难以区分属于哪一种类型的。20

世纪 90 年代以来体育市场上掀起的企业兼并浪潮，也说明了体育市场上的企业兼并行为同样具有高度的复杂化特征。

### （二）体育市场的协调行为

体育市场的协调行为，是指体育市场上的体育企业或组织为了某些共同的目的而采用互相调节的市场行为。在体育市场上，有两种最基本的市场关系——竞争和合作。在很多情况下，体育组织之间、体育企业之间会因各自的利益而展开激烈的竞争，但为了避免由于过于激烈的竞争而导致两败俱伤的局面，它又不得不相互妥协以实现对各方都有利的目标。体育市场的协调行为并不是体育组织之间或企业之间通过艰苦的谈判达成协定或契约来实现的，一般采取的是共谋的形式。这主要是因为除了竞技体育经营业以外的其他产业领域在许多国家都要受到反垄断法规的约束。体育市场的协调行为主要有价格协调和非价格协调两种形式。

体育市场上的价格协调行为，是指体育组织之间或体育企业之间就其所提供的产品的价格决定问题相互协商并采取共同行动。体育市场上的价格协调行为比较典型的有卡特尔的形式。在存在寡头垄断市场结构的体育市场上，任何体育组织或企业的收益不仅取决于其自身的决策和行动，而且要受到其他体育组织或企业决策和行动的影响。卡特尔就是以限制竞争、控制市场、谋求最大化的利益为目的的体育组织或企业，通过共谋或串谋的形式进行的一种价格协调行为。例如，国际奥委会与其他国际体育组织之间就电视转播权、赛事标志使用权等无形资产的价格进行磋商并形成默契，实际上就是卡特尔。区域性的体育垄断组织或企业也会以卡特尔的形式就赛事门票的价格、服务的价格、设施使用的价格、电视转播权和标志使用权的价格等进行磋商和串谋，并达成一致性的意见。卡特尔具有不稳定特征，如果出现私自违背默契或协议的情况，将会导致卡特尔的解体。

体育市场上的非价格协调行为与卡特尔非常类似，同样是通过共谋或串谋的形式来实现的，只不过共谋或串谋的内容不是产品的价格而是产品供给的时间、地点、规则等方面的问题。例如，国际奥委会与其他国际体育组织就通过串谋的形式来决定奥运会与各种国际体育专业赛事的比赛时间、间隔时间、比赛地点、比赛规则，以避免因赛事冲突造成赛事之间的替代，运动员在不同赛事参与上分流使得比赛质量下降，体育消费者在不同赛事观赏上分流使得收益下降等问题的发生。

## 三、体育市场绩效

所谓体育市场绩效，是指基于特定体育市场结构，采取特定的市场行为，促使体育产业在诸多方面都能够获得市场经济效益。这些方面囊括了技术进步与产品质量、成本与价格、品种与产量以及利润等。从本质来讲，体育市场绩效在一定程度上体现了体育市场运作效率以及资源配置的好与坏。

产业组织理论在研究市场绩效时是基于社会的角度来考虑的。该理论认为，如果以效率为标准，从抽象的分析角度来判断，最有效率的经济就是完全竞争的经济；而使经济偏离完全竞争的经济状态的原因是垄断，会造成效率的损失。市场绩效本身包含着价值判断的问题，因而具有高度的复杂性。经济学家通常采用的方法是，在假定企业的唯一目标是追求利润最大化的情况下讨论抽象的企业经济效率，主要是判断产业的效率在多大程度上接近完全竞争状态。一是利润率的高低。通常衡量市场绩效的指标是利润率。因此在完全竞争的市场上，资源配置最优，社会效率最高，企业只能获得正常利润，并且企业利润率会趋向平均化。所以，企业利润率的高低和是否存在平均利润率上，就体现出产业组织的市场绩效。二是价格成本差。价格成本差实际上就是勒纳指数和贝恩指数。这两个指数分别从不同角度反映了市场集中的程度和垄断势力的强弱，从而能够体现这种市场结构对完全竞争的市场结构的偏离程度。

因为市场结构和市场行为综合体现了市场绩效，所以仅仅停留在上述层面的评价是远远不够的。市场绩效评价只有充分考虑相互矛盾、相互影响的资源配置效率、技术进步、社会福利水平、社会公平等多个因素，密切结合市场的真实情况，综合评估资源配置效率、产业的规模结构效率、技术进步程度三个方面，才能对市场绩效进行有效评价。对体育市场绩效的评价同样必须基于这三个方面。

## （一）体育市场的资源配置效率

经济学的基本原理告诉我们，资源配置效率的主要体现是社会总效用或者社会总剩余的最大化，也就是社会福利的最大化。在对资源配置效率进行评价时，经济学家一般用消费者剩余、生产者剩余和社会总剩余来衡量资源配置效率的情况：消费者剩余是指消费者按照一定价格从所购买的某一商品中获得的效用减去为此所支付的价格之后的净得利益；生产者剩余是指企业的销售收入与生产费用的差额；社会总剩余是消费者剩余和生产者剩余之和。经济学家认为，如果市场机制运转良好，市场竞争充分，资源配置的效率就会比较高；反之，如果市场竞争不够充分，市场垄断程度比较高，资源配置的效率就比较低。经济学分析表明，与完全竞争的市场相比较，垄断企业通常以较高的价格和较低的产量供给产品，进而攫取了相当部分的消费者剩余，导致了社会福利水平的下降。此外，垄断企业为了谋取和维持其垄断地位还会采取诸如大量的广告、提高进入壁垒的程度、特殊的产品差异化策略等措施，并为此支付巨额的费用。这种不是产品生产和销售所必需的开支，客观上会加重消费者的负担，同样是社会资源的浪费。

在体育产业发展的过程中，体育组织和体育企业作为市场经济条件下的一种特殊的企业类型，与其他企业一样是预算约束下的市场主体，把追求利润最大化作为企业经营的基本目标。所以，衡量体育市场的资源配置效率，必须以社会福利的最大化作为最根本的尺度，也就是要考察体育资源的配置是否能够或者最大限度地实现有限的体育资源的最佳配置；是否能够使生产者实现利润最大化；是否能够使消费者实现剩余最大化，或者最大限度地效用满足。考察体育市场的资源配置效率，要从四方面着手：一是要考察产业的利润率。体育市场的竞争越是充分，体育资源在企业间自由流动越容易，企业平均利润率越低，平均化程度越高，体育消费者能够获得的福利也就越是趋于最大化。事实上，考察体育产业的利润率，在一定程度上能够明确地推断体育市场对完全竞争市场的远离程度，进而就会知道体育消费者所获的利益与最大化利益之间的差异。二是要考察进入壁垒的程度和市场集中度，进而推断市场竞争是不是充分。三是要考察政府对市场的干预程度，进而推断市场机制是不是被扭曲，有没有存在市场失灵的状况。四是要考察消费者对体育产品的需求情况，进而推断体育产业给消费者带来的效用或利益有多大。

### （二）体育产业的规模结构效率

产业的规模结构效率也叫作产业组织的技术效率。因为规模经济的存在，体育资源的利用效率被各种体育资源在体育产业内部的分配状况所影响。体育产业的规模结构效率，是指体育资源的利用状况，是从体育产业内部规模经济的实现程度的角度来考虑的。主要包括以下三个方面：

一是实现经济规模的程度。在现实经济生活中，没有一个产业的所有企业都完全符合规模经济的要求。根据贝恩对美国20个产业的调查研究显示，即使美国这样经济高度发达的国家的大多数产业中，仍然有10%～30%的产品产量来自非规模经济的企业。这些企业利润率比较低，有的尽管长期亏损，但仍坚持不退出市场，继续进行生产。同时，在部分产业中存在超经济规模的过度集中，有一些大企业经营成本明显高于规模较小的企业。体育产业中的许多经营领域同样存在未达到经济规模的产品生产和供给者，特别是体育休闲健身业这种情况十分普遍，许多虽然企业规模很小，但是运营成本很高，这就在一定程度上影响了体育资源配置的效率。体育场馆经营业中经营供过于求的问题在体育产业中相对比较严重，如我国许多城市的体育场馆能够充分利用的比例不足50%，在大多数时间存在比较严重的设施闲置。

二是经济的合理垂直结合及实现程度。体育产业发展过程中，各个具体产业门类之间存在一定程度的连续流程性质的后向关联，这些产业部门之间必须有一个合适的比例，包括体育产业规模结构效率或内部结构的合理化。一般来说，用垂直产出占生产的各个阶段产出的比例来表示经济规模的垂直程度。

三是企业规模能力的运用。主要有两种情况：一些企业市场集中度低，缺乏规模经济，并有各种程度的设施搁置；一些企业已达到规模经济水平，但设施仍然没有得到充分利用。

### （三）体育产业的技术进步程度

广义上的产业技术进步囊括摒除劳动投入、资本投入之外的全部有利于经济发展的因素；狭义上的产业技术进步则是指产业之中的创新、创造以及技术转移。在产业组织的生产行为和结构的诸多层面都能够体现出技术进步，产业的技术特性与产品具有紧密的联系。大容量、高效率的技术发展与必要的资本壁垒和经济规模相关，技术进步的类型、程度和条件都与企业的兼并和产业集群化发展存在着密切的关系。技术进步程度主要反映出经济效率的动态性，是衡量市场绩效的重要标准。

体育产业由于其所具有的高度竞争性和所提供服务的消费者直接感受的特征，从一开始就与技术进步和创新紧密联系在一起。竞技体育的训练水平、比赛成绩、场馆设施、运动装备无不充分体现着技术进步和创新，也正是不断的技术进步和创新活动，使竞技体育的观赏性得到大大提高，体育消费者获得极大的满足。体育休闲健身产业源源不断的技术进步和创新，使广大的参与性体育消费者获得了内容更为丰富、方式更为多样、效果更为明显的休闲健身消费。其他体育产业门类更是与技术进步和创新活动密切相关。从总体来看，体育产业的技术进步程度主要通过体育产业的增长和体育消费者所获的福利增长体现出来。

# 第三章 体育产业政策

## 第一节 产业政策及产业政策体系

### 一、产业政策的概念

20世纪70年代后,产业政策开始渐渐引起各国的高度重视并被各国逐渐开始采用。产业政策理论基础和实践基础的研究作为只有30多年历史的较新的经济调控手段,相对于经济学来说还处于摸索阶段。因此,各国经济学界对产业政策的理解和解释也有很多不同,以至英语中到现在还没有一个与产业政策可以完全相对应的词汇。英文的"industry"一词指工业,其他类似的词汇还有 structural poliey(结构政策)、positive adjustmen policy(积极调整政策)、industrial strategy(产业战略)等。因此,还没有一个人们公认的一致的产业政策的认识。如今比较典型的有下面几种:

1. 从宏观经济政策方面研究

产业政策是有关政府产业的所有政策的整合。例如,产业政策是与产业有关的所有国家的法律和政策;产业政策是有特定产业指向政策的总的概括,是为了实现某种经济和社会目标而制定的。

2. 基于供给管理政策方面的研究

产业政策作为一种政策举措,旨在促使供给结构能最大程度地同需求结构的要求相符合。比如,"产业政策"可以理解为在社会供给层面,国家推动或完善经济增长的方法和措施的总称。

3. 基于市场和政府二者间的关系层面研究

产业政策即为对市场漏洞的填补。换句话说,在市场调整出现不利因素的情况下,政府采取诸多弥补的政策方式,如产业政策可以理解为政府采取的旨在对不同产业内部营利性企业的特定经营活动,或者产业间的资源分配进行改变的政策。

4. 从国际竞争力政策方面的研究

产业政策就是政府选择发展或控制某些产业及其有关活动的政策的总的概括,目的是为了提高本国产业的国际竞争力。比如，产业政策是政府计划在国内发展或控制各种产业的有关活动的总和，以此来取得在全球的竞争能力。产业政策作为一个政策体系，是经济政策三角形的第三条边，它是对货币政策和财政政策的补充。

5. 从产业赶超政策方面的研究

从这方面来看，产业政策就是工业后发国选择的政策的总的概括，目的是为了超越工业先进国。因此，也可以说，产业政策就是当其他国家的产业都领先于一国产业，或者是其他国家领先于本国时，为增强本国产业所采用的各种策略。

6. 从规划方面的研究

有一种说法是：产业政策是一个计划，是政府改变未来产业结构目标的行动；工业政策是一种更先进的国家干预或干预经济的形式；这是一个以全国统筹发展为基础的更加完整细致的政策体系，而不仅仅只是某一个或两个行业的地方政策。结合上述因素和各种概念，可以知道产业政策就是根据政府的需要、国民经济发展的现状和发展，以及在一定时期内国内行业的发展趋势，通过对资源的有效配置和产业结构的高效率增加行业的供给强度。一系列的战略政策是为了鼓励生产力的进步和工业的增长，修复市场壁垒，提升国内产业的竞争力，保证动态比较优势。

## 二、产业政策的基本体系

产业政策是一个内容涉及产业各个方面的体系，引起了世界各国的重视，但大多数国家尚未能形成完整的产业政策体系。产业政策是从产业经济的角度考察国民经济发展的政策体系。产业政策体系的完整性，按照其内容来讲，起码涵盖了三方面：产业关系政策（构成要素主要包括产业布局政策、产业结构政策）、产业经营政策（构成要素主要包括产业组织政策、产业技术政策）以及产业发展政策（构成要素主要包括产业全球化政策、产业投融资政策）。

1. 产业关系政策

产业关系政策是调节同一区域和区域产业关系关联的政策。关系政策主要包含产业结构政策和产业布局政策。产业结构政策通常是指政府的政策，其中包括产业结构的发展及在不同时期时各行业的变化趋势，通过判断行业的比例、相互关系和产业发展序列，以实现产业结构的调节和高度，从而促进国民经济的增长。产业发展规律的优先性是产业结构政策的主题。其政策的关键在于确定结构和政策的方向、产业的采用、支柱产业的兴起、产业的维持、赞助和支持，以规划产业发展的基本结构，完成产业结构的协调发展。无论是发展工业还是发展二次产业，经济增长和结构转型都有特殊期限。因此，每一个政策时期都会有不同的选择。产业布局政策通常是由政府的产业区位原则和国民经济条件以及不同时期的区域经济发展状况所决定的。它是在产业空间布局和区域经济协调发展的基础上设计和实施的，旨在实现世界产业政策。区域发展中心的选择和产业融合发展政策的制定是产业布局政策的内容。产业布局政策包括两个方面：国家产业结构和区域产业结构。

2.产业经营政策

各行业的有效运作是劳资关系协调和升级的坚实基础。产业经营政策主要包含产业组织政策和产业技术政策。产业组织政策一般是指政府根据不同时期的特殊对象制定和采用市场结构，协调市场活动的政策。其目的是优化行业内部资源配置，管理行业内企业之间的关系。其本质是调解竞争与规模经济的冲突，维护市场秩序，监督有效竞争。政府是产业组织政策的实施主体，其作用是协调行业内部关系结构和企业之间的关系，并重点包括垄断的遏制，不正当竞争和不正当交易的防范，企业的并购政策和中小企业政策。产业技术政策通常是指根据经济发展状况和不同时期的预测，指导、选择、鼓励和掌握工业技术发展的政府规则的一般性概述。它的直接政策目标是工业技术，它是保障工业技术能够有效发展的主要途径。

3.产业发展政策

产业发展政策是对产业发展的一系列具体政策的概括总结，是实现产业全球化和产业现代化的目的。产业投融资政策是产业发展的根本。产业全球化是指全球范围内产业的升级和行为，以及世界范围内产业结构的演进和升级。经济全球化是产业全球化的主题。为了在全球化浪潮中获得更多的利益，有必要在全球化的背景下适时调整各种产业政策，使我国的产业发展符合世界的需要和时代的需要。产业全球化政策是对经济全球化背景下实现产业结构优化升级和实现产业国际竞争力的国家政策的概括。

# 第二节　产业政策的定义与理论依据

## 一、市场失灵理论

市场失灵是指市场机制无法有效地配置资源或者最优配置资源要素。通过对国内外不同专家和学者的观点进行总结和分析，可以得知信息的不对称性、外部效应的存留、公共产品的供给、规模经济的形成以及市场竞争的不完全性等诸多方面是市场失灵、政府干预的关键因素。其原因在于不能实现帕累托最优状态，即不能达到资源的有效配置。市场失灵在一定程度上为当代产业政策的形成提供了具有合理性的经济凭借，然而，在绝大多数的发展中国家当中，市场还有待健全，所以它不是一个完全由市场失灵或市场不足所涵盖的问题。为此，经济学家针对发展中国家，从多方位的视角拓展了形成产业政策的理论基础。

## 二、后发优势理论

比较优势论由李嘉图提出，其认为基于不同行业、不同国家产生的费用有所区别，每个国家都需要将具有最大优势的产业进行优先发展。但李斯特（德国经济学家）指出，一个国家倘若工业起步不早，可以通过国家产业政策的维护与扶持，将新的优势产业发展起来，后起国家只有参与这一主导产业的国际分工，才能发挥国际分工的优势，利用国际分工和先进的生产结构，此即为培育优势说。基于上述两种理论，日本经济学家指出，因为后起国家能够对先进国家的技术进行直接的吸纳与引进，其技术成本要相对较低的，同时在技术成本、资源和资金相同的情况下，其还存在低廉劳动力成本的优势；在国家维护和培育下，如果实现规模经济，就会加大新优势产业发展的可能性，就能够同发达国家在传统资本和技术密集型分工等层面展开竞争，此即为后发优势理论。

## 三、结构转换理论

结构转换理论也能够理解为一种先进的产业结构理论。基本宗旨为一国的产业结构应该持续地、适时地由低级转变到高级，如此一来，方可从根本上实现赶超的目的，使其处于领先地位。历史上一些发达国家相对没落的关键原因就是由于产业结构不及时转变。针对产业结构在经济发展过程中的变化规律的研究，主要包括库兹涅茨（美国）、霍夫曼（德国）以及克拉克（英国）等学者，及与之相对应的学说库兹涅茨增长理论（产业结构在国家经济增长过程中是持续改变的，即要想赶上且处于领先地位，就需要适时地、不断地从低级转换到高级）、霍夫曼比率（资本资料下降的净产值和消费资料下降的净产值之比在工业化进程中是持续减小的）以及配第—克拉克定理（第一产业的就业比重伴随经济的增长而继续下降，第二产业和第三产业的比重会持续上升）。基于对欧洲和美国经济学家的经济结构转型的理论研究，日本经济学者指出了执行国家的产业政策的理论根据，主要包括三个层面：一是作为一个极其关键的利益再分配过程，结构转换离不开政府产业政策的介入；二是结构转换的完成应该具有主动性，而不应具有被动性；三是在转换过程中，注意和非经济目标之间的关系协调。

## 四、规模经济理论

在西方经济学中，规模经济理论基础内涵可以理解为鉴于受到可变成本与固定成本的组成、市场开发进程等方面的影响。从客观层面而言，产业发展具有最优经济规模的生产成本最低化，本单位生产成本下降之前未达到最佳规模而处在不断下降的进程，继续扩大这一进程的规模其实是有益的。规模经济理论被日本经济学者最大限度地予以运用并且得到了深层次的发展，阐述出新的观点，主要体现在以下三方面：

第一，客观层面上，产业内部具有企业与工厂规模的差异，竞争秩序取决于企业规模，生产成本取决于工厂规模，当企业规模和工厂规模在经济追赶时期出现冲突时，国家需要运用产业政策，首要确保工厂规模实现最优，必要时不惜牺牲竞争活力以及允许寡头垄断现象的出现，方可确保产业加速发展。

第二，在外资企业垄断某一产业的国际或国内市场的情况下，存在先行者利益时，国内企业若想实现特定规模则需要一个发展过程，方可打破加入壁垒，旨在抵消国家对外国企业的长远利益，而政府需要借助产业支持相关政策，对振兴这些企业产生的费用进行承担。

第三，在具有较高最优规模的产业中（运输、通信等），因为实现最优规模前的社会效益要比企业的利润率高很多，在一定阶段内，政府直接组织国有企业或者直接投资是极为必要的。

## 五、体育产业政策的定义

所谓体育产业政策，是指为了实现社会经济的高速发展与国家发展目标的顺利实现，政府和体育主管部门进行有计划的干预和引导，通过一系列的政策工具和经济方法，影响体育产业的形成和发展的经济政策。

## 六、体育产业政策对体育产业发展的影响

1. 具有推动作用

在体育产业结构变化中，体育产业政策发挥着极其重要的作用。政府可以基于整个宏观经济的层面，制定并实施基于越来越多的趋势不断变化的供应和市场需求的体育产业的科学决策，并通过经济形势调整体育产业不同部门之间资源的合理分配和相关行政法律。

2. 可以弥补市场失灵并为体育产业分配资源

历史经验表明，在不同国家，产业政策最常见的功用是对市场失灵予以抵消。市场机制并不具有万能性，对于提供公共产品的企业和部门，在不完全竞争、垄断和对外经济方面，价格机制不能有效地划分好各自的资源，这是市场机制的局限性。科学合理的体育产业政策和市场机制相结合可以最大限度地减少工业效益造成的市场失灵，促进体育产业的发展。

3. 实现体育产业的超常规发展

经济落后国家要在较短时期内发展体育产业和保持技术体系的竞争力，如果依靠自由市场调节则需要长期的资本积累过程，短期内无法满足产业快速发展的要求。政府可以在市场机制的基础上实施更多的"赶超"策略，以促进体育产业的快速发展。

4. 强化国内体育产业的国际竞争力

体育产业全球化基于经济全球化已成必然趋势，借助体育产业全球化政策的制定，体育行政部门可以推动国内体育产业进一步取得国际竞争优势。

## 第三节　体育产业政策的内容

### 一、体育产业的组织政策

产业组织政策是指政府制定的产业政策，以实现理想的市场效应，干扰市场结构和市场行为，并规范企业之间的关系。政府之所以要制定并实施产业组织政策，主要原因如下：在市场经济条件下，市场力量本身无法避免自发的过度竞争，也不能阻止大公司根据其地位通过卡特尔和价格歧视等不公平的优势获得高额垄断利润，并由此导致经济活力丧失、资源配置效率低等问题。在这种情况下，政府通过立法制定市场规则，规范企业市场行为，能够在一定程度上协调竞争与规模经济之间的冲突，调整企业之间的关系，维护正常的市场秩序，促进有效竞争和优化资源配置。

体育产业组织政策是产业组织政策在体育产业领域的具体运用，是由政府制定和批准、协调体育产业与规模经济之间的冲突，调整体育企业之间的关系，促进体育产业健康发展的一系列经济政策的总和。

从内容上看，体育组织的体育政策主要包括反垄断政策和限制过度竞争政策。反垄断政策是政府干预产业政策的典型政策，也是产业组织政策的重点。通常，政府通过立法来解决竞争与规模经济之间的矛盾，制定有关反垄断和反不正当竞争的法律法规，通过协调企业之间的关系去有效遏制市场垄断。反垄断政策和反不正当竞争政策主要有两方面作用：一是预防垄断性市场结构的出现。通过制定扶持中小企业发展的政策和限制企业合并的政策，有效保护中小企业的生存和发展；防止生产过度集中从而形成新的市场垄断势力，打造公平竞争、充满活力的市场环境。二是停止并限制竞争对手的参与和不公平的价格歧视。通过对商业欺诈、独家交易、搭配销售、商业贿赂、非法的价格歧视等不正当竞争方式的打击和处置，保护有效竞争。由于美国是体育产业最早得到发展并且最为成熟的国家，因此美国也是最早使用产业组织政策对体育产业发展进行规范和调控的国家。美国的产业组织政策主要体现在联邦政府所制定的一系列反托拉斯法规上。美国第一部反垄断法是1890年出台的《谢尔曼反托拉斯法》（下文称《谢尔曼法》），这个法规作为保护贸易和商业免受非法限制和垄断之害的法案被通过。这部法规的出台，构成了美国反托拉斯法的基础。《谢尔曼法》有两个关键条款，其基本规定如下：任何以托拉斯或其他形式做出的契约、联合或共谋，如果用于限制州际贸易或对外贸易及商业，都是违法的；任何垄断者或企图垄断者，与他人联合、共谋垄断州际或与外国间的贸易及商业之中任何一部分者，都被视为刑事犯罪。《谢尔曼法》第一次明确发布了美国对垄断的公共政策。为了强化反垄断法的落实，1914年美国出台了《联邦贸易委员会法》，根据这一法规的授权，组建了联邦贸易委员会，从而为反垄断法规的执行建立起一个强有力的组织机构。同年，美国出台了《克莱顿反托拉斯法》（下文称《克莱顿法》）作为对《谢尔曼法》的替代性法规，其有关条款更为明确和详尽，对有些原则性条款还进行了修改，如《谢尔曼法》宣布，违法的行为必须证明是损害了竞争，但《克莱顿法》认为，违法的行为并不一定发造成际的损害。1936年出台的《鲁滨孙·帕特曼法》则扩大了上述法规中有关价格歧视条款的适用范围，并对此做出更为具体的规定。

美国的反垄断法规在体育产业领域的运用，总体上是以有利于体育产业发展为基本原则的。例如，美国最高法院在对美国全国大学生体育运动联合会（NCAA）的电视转播权案的审理中，就根据有关反垄断法规判定NCAA对橄榄球电视转播权的垄断是非法的，各个大学可以自行谈判转播合同。又如，根据美国的反垄断法规，所有的垄断组织都是不利于竞争的，并导致消费者甚至整个社会福利损失的，因此，应通过分割或解散的方式加以限制。但是，在现实的经济生活中，许多垄断组织是自然垄断性质的，具有不可分性；有些垄断组织事实上无法实施垄断权力；有些垄断组织是基于规模经济而建立起来的，其收益和资源配置效率本身就高于分散经营。反垄断法规的基本条款大都是原则性的，在不断完善的过程中，通过补充一些豁免条款和制定一些例外法，有效解决了上述问题。此外，在电视转播领域，体育运动也获取了有限的豁免。1961年，美国国会通过了《体育反托拉斯转播法案》，该法案允许橄榄球、冰球、篮球可以以整个联盟的名义获得电视收入。而根据1957年的《拉多维奇判例》，对于没有反垄断例外的实体，与电视媒体签订统一合同是非法的。可见，反垄断法规在体育产业领域的运用具有很强的灵活性，其根本的原则是有利于体育产业的健康成长的。

限制过度竞争政策主要是针对自然垄断性质的产业类型，其目的是防止由于投资重复和过度竞争导致资源配置效率低的产生，以确保合理地使用资源、可持续地产品供应、公平的收入分配、价格稳定和行业健康发展。限制过度竞争政策的实施是通过政府以其法律所赋予的权力，采用行政许可和法律认可等途径，对企业的有关市场行为加以限制。限制过度竞争政策的主要内容包括进入限制、数量限制、质量限制、设备限制、价格限制和退出限制。

进入限制是限制过度竞争政策的基本内容，即通过对申请人资格的筛选和批准程序，严格控制特定垄断行业的行使权，其目的是限制过度竞争的产并提供规模经济和范围经济效益。数量限制是为了避免过度或非常小的投资带来的工业限制，由于生产过剩或稀缺造成价格过度波动、过度竞争和资源损失。它主要通过投资限制和产量限制两方面政策来实现。质量限制是为了防止自然垄断产品和服务质量出现下降趋势，并避免对合法消费者权益的过度限制，它主要是通过制定和实施产品与服务质量标准来实现的。设备限制是对自然垄断行业关键设备的规格、技术性能、安全性能和环保标准的直接限制，以消除自然垄断阻碍设备更新，满足质量标准和环境保护，推动行业技术进步。价格限制是对自然垄断行业产品和服务的价格水平和价格方法的限制，从而协调企业利润最大化目标与消费者利益之间的矛盾，有效保护消费者利益。退出限制是政府不允许自然垄断行业管理者退出初始生产和服务领域以确保可持续供应公共产品和服务，以避免广大消费者的生活受到比较严重的影响。由于限制过度竞争的政策直接影响着企业的生产和经营，同时赋予了政府部门较大的权力，稍有不慎，就可能发生政府官员滥用职权和贪污腐败的情况，因此必须高度重视行政的公正、廉洁和高效。

在体育产业发展过程中，反垄断政策主要适用于体育产业发展到较高阶段的国家。在体育产业发展的初级阶段，体育公司的规模经济并没有得到充分体现。组织体育产业的主要任务是限制过度竞争，通过制定一系列强有力的措施，如体育产业的市场进入标准、产品质量标准等，以维护体育产业发展的良好市场环境。但是，由于现阶段体育产业仍是全国工业体系中的弱势产业，行业市场竞争非常激烈，体育产业组织政策不仅仅在于改变无序的市场竞争状况，更重要的是促进体育产业快速发展。所以，体育产业组织政策应优先支持体育产业发展，在发展前提下规范市场竞争秩序，否则就会陷入"收收放放、一收就死，一放就乱"的怪象。

## 二、体育产业的结构政策

体育产业的发展一方面体现为体育产业对国民经济贡献率的提高，其中包括产值贡献、就业贡献等；另一方面体现了体育产业内部结构的不断优化和先进水平。体育产业在国民经济中的贡献率实际上是一个总量问题，但总量问题总是与结构紧密联系，相互制约、相互促进。没有总量的增长，就谈不上结构的优化和高级化；没有结构的优化和高级化，也难以支撑整个体育产业的快速发展，自然就不可能对国民经济有一个较高的贡献率。体育产业结构政策的根本任务是通过一系列政策驱动，不断推动体育产业内部结构的合理化，为体育产业的发展提供了有力保障。体育产业结构政策主要包括以下几个方面：

1. 选择领先的行业部门

体育产业的发展一方面体现为体育产业对国民经济贡献率的提高，包括产值贡献、就业贡献等；另一方面体现了体育产业内部结构的不断优化和先进水平。体育产业在国民经济中的贡献率实际上是一个总量问题，但总量问题总是与结构紧密联系，相互制约、相互促进。没有总量的增长，就谈不上结构的优化和高级化；没有结构的优化和高级化，也就难以支撑整个体育产业的快速发展，自然就不可能对国民经济有一个较高的贡献率。体育产业结构政策的根本任务是通过一系列政策支持，不断推动体育产业内部结构的合理化，为体育产业的发展提供有力保障。体育产业结构政策主要包括以下几个方面：

一是这些产业部门在某地域要具有先发优势。例如，与其他城市相比较，该地区的这些产业部门的产品已经具有较大的市场覆盖率，或者产品质量较高、技术上存在一定的垄断、属于知名或著名品牌，或者该城市有这些产业部门发展的历史传统等。

二是要具有这些产业部门发展的资源优势，包括生产特定产品原材料、特有技术。

三是所选产业部门要具有高成长性。高成长性是指该产业部门在更大的市场范围内还未得到充分发展，但是市场需求潜力巨大，并且具有很高的投资回报率。

四是这些产业部门的产品具有较高的收入弹性和较高的直接消耗系数，对纵向联系部门有比较显著的带动效应。由于不同区域体育产业发展的程度不同，体育产业各部门的发展也是多样化的，不同地区体育产业发展的基础也不同，因此，不同地区主导产业的选择和地区体育产业的发展也应该有所不同。

2. 分析并确定制约体育产业发展的瓶颈产业部门

产业发展过程中往往存在某些产业部门，它们给其前向关联产业部门提供的投入品数量远远大于这些产业部门的最大生产能力，导致这些产业部门的前向关联部门投入品数量严重不足、规模经济效益无法发挥、产业发展受到极其严格的供给约束的情况。这些制约前向关联产业部门发展的产业部门就是瓶颈产业部门。瓶颈产业部门通常是无法通过进口方式来弥补供给不足的，只有依靠有效的产业政策加以解决问题。在体育产业发展过程中，瓶颈产业部门可能是体育休闲健身业，如果休闲健身业发展发育不够充分，就不能培养成千上万成熟的体育消费者，就不能及时发现并拥有良好运动天赋和巨大潜力的专业体育人才，进而会制约竞技体育经营业、体育用品制造业和体育场馆经营业的发展。体育产业发展的瓶颈产业部门也可能是体育科研部门和体育训练部门，体育科研的水平直接影响着竞技体育经营业的技术创新，而体育训练部门能否以科学的手段进行体育专业人才的培养和训练，则决定着能否快速拥有人才、出高水平人才。体育经纪业和体育彩票业也有可能成为体育产业发展的瓶颈产业部门，这是因为体育经纪业对盘活体育专业人才资源，形成完善的体育专业人员的市场具有非常重要的作用。体育彩票业具有明显的资金筹措功能，在加大体育产业各部门的投资规模、扶持支柱产业部门发展方面能够起到关键性作用。

3. 确定体育产业各部门优先发展的序列

从总体上来讲，体育产业的发展要以建立完善的体育市场机制为根本任务，促进体育产业各部门协调发展。所有的体育产业结构政策必须服从这一根本任务，不能使产业结构政策扭曲了市场机制，阻碍了体育产业的发展。但在加快体育产业发展的过程中，体育产业的结构性政策应以体育产业各部门的不平衡发展为基础，结合主导产业部门的辐射带动效应不突出、支柱产业部门对整个体育产业发展的支撑作用不强、瓶颈产业部门依然制约着体育产业发展的进程的实际情况，通过对主导产业部门、支柱产业部门、瓶颈产业部门、一般产业部门发展序列的安排以及相关结构政策的制定与实施，把资本的增量调整和存量调整有机结合起来，使体育产业的内部结构逐步合理化和高级化，实现体育资源的合理配置和产业的健康、快速发展。

4. 明确体育产业部门不同时期、不同地区的体育产业结构政策导向

对主导产业部门应该采取积极的保护和扶持政策，加速产业的成长步伐，不断强化产业的波及效应和辐射作用。对瓶颈产业部门要优先发展，使其尽快适应其他产业部门发展的要求，能够有力地支持主导产业部门的发展，弱化其对其他产业部门发展的制约作用。对处于衰退期并且没有发展前途的某些产业部门要采取限制发展的政策，积极进行结构调整和优化。例如，要根据特定时期、特定地区的经济社会发展实际和不同地区的资源情况，确定主导产业部门，明确瓶颈产业部门，形成合理的产业结构政策框架和政策导向。对具有良好的发展前景，存在技术和资源上的比较优势，市场关联度高，盈利前景良好的产业部门和企业，要采用财政援助、税收优惠、金融支持、征地优先等方面的政策措施给予相关扶持。对于科技含量较高的体育器材制造和装备生产部门，应在技术创新的基础上，积极消化和吸收国外先进的生产技术，逐步缩小与国际著名品牌的差距，力争走向国际市场。对无法引进的但又是重点发展的体育产业部门所必需的投入品，应通过加大投入或科研攻关等方式加以克服问题。

体育产业结构政策还要充分考虑地区结构。要按照统筹兼顾、因地制宜、分工合作、协同发展的原则，选择适合不同地区条件的地区体育产业内部结构，避免不同地区之间产业结构的过度趋同化。

## 三、体育产业发展的其他政策

1. 财政政策

财政政策包括财政支出政策和税收政策,是国家扶持或限制产业发展的主要途径之一。财政支出政策主要是通过政府财政预算投资,包括分产业部门的不同折旧制度在内的特殊金融体系,采取政府财政补贴等措施支持或限制某些行业的发展。税收政策主要通过实施行业、部门或产品的差别税率,以及特定时期的特殊税收调整和关税保护等措施来支持或限制某些行业的发展。对于体育产业来说,国家可以运用财政政策工具,通过权力参与到经济收入和支出流动,促进体育产业的发展,达到发展体育产业的目的。

从发达国家的经验来看,财政政策始终被作为扶持体育产业发展的重要工具。例如,德国就是利用财政政策扶持体育产业发展最为典型的国家。1990 年,德国颁发了《体育俱乐部提供援助法》,根据这个法令,体育俱乐部的税收负担得以大大减轻。此外,德国的有关税收政策还对体育俱乐部的经营提供税收优惠,如果体育俱乐部所开展的某项经营活动出现亏损,就可以用另一项经营活动的收入来加以弥补,体育俱乐部的经营收入若低于 6 万马克,则享受免税优惠。西班牙、澳大利亚、韩国也都对体育赞助实施免税优惠,以保证体育产业有足够的资金投入,促进体育产业发展;西班牙法律规定,其他公司作为礼品馈赠给各单项体育协会的产品,可以不列入应缴纳的公司收入税总额,也不需要任何赞助协议,赞助单位无论是提供给运动员个人还是提供给其所在的组织的赞助款均免征公司所得税;澳大利亚 1986 年成立的体育基金会经政府特许,可以向捐赠人出具一种特殊收据,凭这种收据可以减免收入税;韩国政府也规定对体育赞助免交所得税。

2. 投融资政策

任何产业的发展,都需要一个健全的、高效的投融资体系作为保证。体育产业是一种新兴的、具有高成长性的产业类型,确保足够的资金投入是其健康发展的最为基本的条件。

从发达国家体育产业投融资体系来看,主要有政府投资、社会融资、政府投资和社会融资结合三种类型。政府投资实际上是一种体育没有完全商业化之前的投融资形式,只有政府把体育事业作为纯粹的公益事业时,政府才有可能包揽所有的资金投入义务。在这种体育事业发展模式下,体育训练及设施、体育竞技与表演等方面普遍采取举国体制,体育健身也仅仅是一种覆盖范围很小的公共服务而已。采取这种投融资体制的国家,体育事业发展所需资金主要来源于社会公共消费基金,由国家财政在公共事业费中和各个系统的体育事业费中列支。社会筹措型投融资体制则是一种过度市场化的投融资形式,体育产业发展所需要的资金完全靠社会方式筹措,或者由企业采取市场化方式运作来筹措,所组建起来的企业也采取商业化经营,或者采取社会赞助方式,其中包括公益事业赞助和商业赞助,但所能够筹措到的资金十分有限。而且，这种投融资体制在很大程度上会弱化体育的公益性质，从而无法满足体育产业发展的需要。美国、意大利等国家曾经在很长时间内采用这种体制。从目前的情况来看，比较成功的投融资体制是将上述两种投融资体制结合起来的类型，即政府投入和社会筹措结合型。这一类型的优点是既保证了体育事业的公益性特征，扩大了居民参与休闲健身运动的覆盖面，有利于提高全体公民的身体素质，又能够为体育产业发展提供强大的资金保障。采取政府投入与社会筹措结合型投融资体制的投入结构，政府的财政支付是体育产业发展的基本资金来源，体育企业的资金积累是体育产业发展的主要资金来源，社会赞助是体育产业发展所需资金的重要补充。例如，法国政府每年向各个单项体育协会给予的财政补贴总额为4亿法郎，其中向25个奥运项目协会的补贴达到3亿法郎。又比如，德国体育联合会的收入结构中，会员费约占40%，广告赞助和经营性收入约占25%，各级政府的拨款约占25%，其他收入约占10%。进入20世纪80年代以后，原来采取前两种体制的国家都逐步转换为第三种体制，只是政府拨款所占的比重在不同国家有所不同而已。

采取发行体育彩票和建立体育基金会的方式来筹集体育产业发展所需资金，是目前国际上普遍使用的融资方式。目前，全球已有100多个国家发行体育彩票，30多个国家加入了国际彩票体育联合会。发行体育彩票已成为筹集体育产业发展资金的重要手段之一。日本的自行车投注历史悠久，其专业自行车凯林赛拥有相当可观的收入。保加利亚通过发行体育彩票所获得的收入占到了这个国家体育事业费的一半左右，有效解决了举办体育事业的资金问题。体育彩票的发行必须有健全的法律法规来规范彩票市场的运行。例如，西班牙在《西班牙体育法》中就对体育彩票发行的有关方面问题做出非常明确的规定。意大利则把体育彩票的发行纳入《公共博彩业管理法》和《博彩活动规范》两个法规的管理范围。西方国家还普遍出台了一些专门的政策扶持体育彩票业的发展，如对体育彩票发行提供税收优惠，其他有关部门要对体育彩票的发行提供各种方便，等等。

建立体育基金会也是发达国家筹措体育发展资金的重要方式。法国在1976年建立了发展竞技体育国家基金，美国在1984年建立了美国奥林匹克基金，澳大利亚在1989年建立了澳大利亚竞技体育基金，俄罗斯在1992年建立了国家体育运动基金，其他许多国家也建立起类似的体育发展基金。

体育基金会在管理体制上一般是通过建立由政府机构、体育管理部门、国家奥委会等多个方面代表组成的理事会来行使对基金的管理权，在这些人员中还包括运动员代表以及财务和金融专家。基金理事会不仅要建立严格的管理制度对现有资金进行管理，还要通过多种方式筹措资金。例如，接受各种类型的捐赠、发行各种形式的纪念品、发行体育彩票、举办各种表演、从事一定范围的商品经营等，甚至有些国家的体育基金会还会进行证券市场的投资以获取收入。以德国1967年建立的援助德国竞技体育基金为例，近年来，在各项收入中，各类捐赠收入占12%~15%，奥运系列特色邮票收入占50%~55%，彩票收入占17%~20%，各类型演出收入占5%~7%，印刷品和纪念币的销售额占收入的3%~5%。

# 第四章 体育产业资源的开发与配置

## 第一节 体育产业资源的开发及其配置的基本理论

### 一、体育产业资源

#### （一）体育产业资源的概念

什么是体育产业资源？我们认为，能够支持各体育产业部门进行业务活动开展所动用的所有资源的总和就是体育产业资源。

随着体育产业的不断发展与成熟，各种与之相协调的体育产业资源也在不断产生，这些资源为体育产业的发展提供了有力的支持，同时也推动了我国经济的发展。

#### （二）体育产业资源分类

从综合性视角来看，可以将体育产业资源划分为两种类型：一是单一性体育产业资源；而是综合性体育产业资源。这两大类体育产业资源又可以进一步划分为不同的小类。

单一性体育产业资源又可分为物质形态的体育产业资源和非物质形态的体育产业资源。体育自然资源、体育经费资源、体育场地设施资源、体育人力资源属于物质形态的体育产业资源；而体育传统资源、体育信息资源、体育组织资源属于非物质形态的体育产业资源。

综合性体育产业资源可分为领域的体育产业资源、区域的体育产业资源和单项的体育产业资源。学校体育产业资源、竞技体育产业资源、大众体育产业资源属于领域的体育产业资源；农村体育产业资源、城市体育产业资源属于区域的体育产业资源；篮球项目产业资源、体操项目产业资源属于单项的体育产业资源。

## 二、体育产业资源配置

### (一) 体育产业资源配置的基本类型

体育产业资源的配置方式有以下三种类型：

1. 计划配置

计划配置的主体是政府，政府决定着体育产业资源的分配，体育企业要依据国家经济计划行事。政府可通过各种途径对体育产业资源配置的格局进行直接或间接的调节，这对于将有限的体育产业资源集中起来，促进预期目标的实现具有重要的意义。政府在体育产业管理中，会设立专门的机构，政府的管理权力高度集中，相应的组织机构在贯彻计划机制原则的基础上会采用行政方式全面管理体育产业。而从本质上讲，社会组织往往不具备管理功能。

2. 市场配置

通过市场价格的波动、市场主体的竞争、市场供求关系的变化而对经济运行进行调节的方式就是所谓的市场配置。市场机制充分竞争，受益最高的部门和地区是体育产业资源流动的目标方向，将体育产业资源配置到哪个部门和地区，主要受市场供求比例变化和由此导致的价格波动的影响。在市场供求关系中，价格发挥着晴雨表的作用，反映着资源稀缺程度或需求程度，再将这些准确的市场信息传递给体育生产企业，这就加剧了企业之间的竞争，刺激了企业的盈利欲望，引导体育产业资源向资源严重稀缺、供不应求的生产部门流动，这必然会造成稀缺体育产业资源的存量的增加，进而使体育产业资源供求的矛盾得到一定的缓解。世界上采用市场配置方式进行体育产业资源配置的典型国家是美国。美国政府很少介入和干预体育事务，其主要采用法律和经济手段进行间接性的调控与管理。

3. 混合配置

在体育产业资源配置中，难免存在"政府失灵""市场失灵"的状况。事实上，在资源配置中，如果仅仅依靠政府或只是依靠市场，都会遇到很多问题。所以，当前在体育产业资源配置中，很少有国家会单纯采用某一种配置方式，相对地，采用由市场配置和政府计划配置相结合的混合配置方式的国家已越来越多。世界上各个国家都在立足本国国情的基础上，不断对体育产业资源配置的方式进行调整，试图对与本国国情相适应的混合型配置方式进行构建与采用。这种方式对于政府主导作用的发挥，对于吸引社会对体育的支持具有重要的意义。当然，不同国家之间的混合型配置方式存在着明显的区别。有些国家以政府计划配置为主导，以市场配置为辅，即采用政府主导型的配置方式；有些国家以市场配置为主导，以政府计划配置为辅，即采用的是市场主导型的配置方式。

## （二）市场配置与政府配置的边界

作为一种普遍流行的经济运行状态，市场经济以市场调节为基础和主导。从本质上来说，市场经济是具有一定组织能力的一种经济调节方式，通过这种方式进行体育产业资源配置和布局，离不开对供求规律、价格机制、竞争机制的运用。通过运用市场机制，能够使微观体育经济主体的个别利益与社会整体目标保持协调一致。人们在对自身利益进行追求的过程中，也会推动体育产业资源的合理配置，这是普遍存在的客观后果。通常，如果运用市场机制就可以进行有效的体育产业资源配置，那么政府就没有必要干预了。另外，虽然市场配置本身也需要一些成本，需要耗费一定的资源，但如果这种成本比政府配置成本低，那么选择市场配置的方式就更妥当。一些转型国家往往不具备或不完全具备市场配置资源的效能条件，所以市场机制尽管可以配置体育产业资源，但这一配置方式并非是成本最低、效率最高的方式。所以，在面临市场不全、市场不灵、市场配置高成本等问题时，可选择政府配置的方式，这样效果会更好。

## （三）体育产业资源配置的相关研究

### 1.政府与市场关系的研究

一般认为，在社会资源配置中，运用最广泛、最有效的机制是市场机制。市场机制可促进价格机制和竞争机制功能的充分发挥，可促进市场主体主动向效益好的环节中配置资源，从而使微观经济活动主体的个别利益与社会发展的整体目标保持协调一致。需要注意的是，发挥市场机制的功能需要具备一些前提条件，一旦遭遇市场失灵的问题，就难以使市场机制的功能发挥到最佳水平，资源配置也就无法达到最优化的程度。

随着市场的不断演进和发展，市场上出现了一些突出的问题，这就为政府介入经济活动并实施干预提供了可能与条件。政府在市场经济中发挥自身的经济功能，目的是对市场自身功能的缺陷进行纠正、弥补。但是，政府在对市场经济缺陷进行弥补时，其经济功能逐渐扩大、不断强化，此时很容易导致另一种缺陷的产生，即政府失灵。在经济运行中，政府被寄予很高的期望，人们希望政府可以通过发挥自己的职能来弥补市场功能的缺陷，但结果往往不尽如人意，不仅市场失灵的问题没有得到补救，而且反而又出现了新的问题，导致社会效益急剧下降。政府在弥补市场经济缺陷的过程中之所以会出现政府失灵的问题，与下列几方面的原因是分不开的。

第一，非市场活动本身可能导致在收入和权力方面的分配不公。

第二，成本和收益的分离导致非市场产出的过剩和成本的攀升。

第三，非市场机构在预算增长、技术进步、信息的获得和控制方面的具体特性可能导致种种缺陷出现。

第四，非市场组织的内生性和组织目标往往使相关机构的行为和运行偏离初始公共目标。

在经济运行中，政府失灵和市场失灵的现象客观存在，政府可以在一定程度上弥补、纠正市场的功能缺陷，但政府也不是万能的，市场机制无法解决的问题，政府也未必可以解决。不管从理论来看，还是从实践经验来看，政府与市场的作用始终都不可能完全替代。

有学者指出，在社会主义市场经济中，最基本的资源配置方式是市场机制，政府在干预经济活动的过程中，并非是对市场机制的作用的否定，也不是替代市场机制，而是要促进市场作用的充分发挥。

庄垂生认为，在我国制度变迁的过程中，政府发挥自身的作用并不是为了完善市场运行制度，社会上可能同时存在政府失灵与市场失灵的现象；在经济运行中，市场机制与政府机制都是不完善的，将二者结合可相互补充；转轨中问题的核心在于在市场化的不同阶段，应如何发挥政府作用与发挥到什么程度的问题，而非政府是否应该发挥自身作用的问题。

马桑认为，我国政府面临着双重问题：第一是运用政策对市场在资源配置中的缺陷进行弥补与修正；第二是运用政策对市场在资源配置中存在的不合理状况进行调节。市场机制的局部健全和局部不健全是经济体制转轨的一个重要特征。在经济体制转轨时期，我国政府必须加大宏观调控的力度，而且我国政府的干预力度也必须要大于西方国家对其市场经济的干预。

2. 体育产业资源配置的研究

目前，我国体育界只有少数的学者在研究体育产业资源配置的相关问题，因而有关文献资料也非常少，现有的研究大都只是对体育产业资源的概念、分类、培育以及开发利用的问题进行探讨与分析。具有代表性的研究成果有以下几种：

陈勇军在"体育产业资源配置方式及其效率评价"的研究中指出，体育产业资源配置效率改革应符合体育的市场化发展要求。

裴立新等对我国在社会主义初级阶段体育事业转变为集约化发展模式的必要性和可行性进行了分析，对集约化模式在体育产业资源配置与利用中的重要性进行了论证。要想有效利用体育产业资源，就必须采用集约化模式，这有利于促进体育产业发展的质量和效益的提高。体育产业发展向集约化转变，应实现体制、资源配置方式等方面的全方位转变。

刘可夫研究了体育产业资源开发和配置的相关问题。他在研究中指出，在一定时期和一定条件下，体育产业资源是短缺的，这是其与其他经济资源的共性特征。体育产业作为一项经济活动，需要投入相应的资源，需要对体育产业资源进行合理开发、高效利用和优化配置。这是发展体育产业的重要条件，也是提高体育产业经济效益和社会效益的基本要求。在体育产业发展中，不同类型的产业资源居于不同的地位，发挥着不同的作用。以此为基础，对不同类型的资源进行不同的配置，促进体育产业资源作用的充分发挥，能更好地实现体育产业的经济与社会效益。

任海等认为，体育产业资源的类型、来源、影响因素、资源投入后的最终产品、环境因素、组织形式、法律政策等因素都会影响体育产业资源的合理配置。体育产出的社会公益性和市场开发性非常明显和突出。

舒萍认为，体育场馆资源不足是制约体育产业发展的一个主要瓶颈。对此，应借鉴经济发达国家的经验，有偿开放学校体育场馆，并加强对相关设施的管理与配置。

肖林鹏分析并探讨了中国社会转型期竞技体育领域进行资源优化配置的重要性。他指出，我国的体制以奥运争光为目标，政府将计划与市场两种方式灵活地利用起来，可实现体育产业资源的优化配置，使体育产业资源的最佳效益得到充分发挥。

3. 我国体育制度改革的研究

李艳翎从经济体制与竞技体育体制之间的关系出发，研究了我国竞技体育体制的改革。她在研究中指出，我国竞技体育体制的改革主要是由经济体制改革所决定，新时期这两种体制的改革要与社会变革保持协调，实现渐进式改革。

谭建湘在研究我国体育体制改革的过程中，是以我国足球职业化改革为出发点的。他通过研究指出，我国体育职业化发展取得了明显的进步，发展环境在不断改善，并基本形成了俱乐部制，一些项目联赛的专业市场已经初具规模，而且基本形成了商业化经营机制。

潘键研究了体育体制改革的过程及改革中呈现的特征，并指出改革中呈现的特征具体应表现在以下几个方面：第一，经济体制改革与政治体制改革相结合；第二，自上而下与自下而上相结合；第三，局部推进与整体协调相结合；第四，体制内推进与体制外推进相结合。

孙庆鹏指出，未来我国体育体制的改革必须与我国在社会主义初级阶段的国情相符；与整个体育事业的发展步调相一致，必须与社会环境保持融洽和谐的关系。

史兵认为，重新定位政府角色是今后我国体育制度改革取得成功的关键。在体育改革中，要以缩减或调整政府机构为基本出发点和最后的落脚点。

## 第二节 我国体育产业资源配置的基本情况

从内在机制来看，体育产业资源配置中的市场配置方式与计划配置方式的内在机制是完全不同的，不同的机制也就造成了配置效果的不同。通过对两种体育产业资源配置方式实现机制的比较分析，可以明确两者在体育产业资源配置中各自的优势与不足，为我国社会转型期的不同阶段采用不同的体育产业资源配置方式提供合理的参考依据。

## 一、政府计划配置与市场配置体育产业资源的信息机制

资源拥有者是否能及时掌握信息，或掌握的信息是否准确，直接决定了其能否合理配置体育产业资源。如果掌握的信息不充分，那么就很容易在资源配置中造成浪费，或无法充分发挥资源的效应。对体育需求及变化、体育供给能力等信息进行充分的了解和掌握，是对体育产业资源进行合理配置的基础与前提。体育市场复杂多变，因此，在实践中很难将体育市场中的各种信息全面、及时且准确地掌握到手中，也很难合理调节与配置体育产业资源。在计划经济时期，通过市场的价格信号无法准确地反映出体育的供需变化。在实践中，信息具有分散性、不确定性，而且也是不完备的。通过市场机制可以对有限的体育信息资源进行更有效的配置，通过价格机制可以将体育产业资源的数量紧缺程度及动态变化比较准确地反映出来，进而花费较少的成本来对体育产业资源的定价问题加以解决。在市场机制中，价格机制是核心，市场价格信号能够直接刺激体育企业的经营管理，通过市场竞争能够使体育产品的供需保持均衡状态，从而更有效地配置体育产业资源。

随着我国体育事业市场化发展水平的不断提高，对于体育市场价格信号的变化，体育企业做出的反应也已经越来越明显。另外，在体育产业资源的市场配置中，信息不完全的现象也时常发生，这就导致了市场交易成本的增加。所以，在转型期中，仍需要由政府来对市场进行规范化的调节，使市场信息更加透明。

## 二、计划配置与市场配置体育产业资源的决策机制

在体育产业资源的计划配置中，政府完全集中掌握了决策权。政府行政部门根据自己制定的计划来分配体育产业资源，在分配过程中，注重将体育的社会效益凸显出来，这有利于从政治上保障资源分配的安全性。但从某种程度而言，计划配置可能导致体育社会功能的弱化，而使其政治功能得到强化，这样体育就与国家政治需求相吻合了，政府基本上都是站在政治的角度对体育产业资源进行配置的。体育在计划体制时期被当作是一种特别的社会福利事业，此时体育呈现出的特征主要表现为产品非商品化、部门非生产性等。体育产业资源在市场上无法自由进出，各类体育产业资源的稀缺程度也无法通过指令性价格的变动而反映出来。而且因为体育的商品属性为社会所排斥，所以体育企业在经营中缺乏一定的动力，也没有成形的可利用的约束机制，这就使社会办体育的积极性受到了打击。同时，因为体育企业的微观经济活动主要由政府包办，所以致使政府的调控能力大大降低，最终导致了政府职能错位问题的产生。

在市场体制的体育产业资源配置中，资源配置的决策并不像计划体制下的决策那样集中（它表现出一定的分散性），而一般由企业在微观层次上做出所有的经济决策，这有利

于对计划配置下信息分散与决策相对集中的矛盾进行有效的协调与解决，从而使决策结构与信息结构的协调得到保障。当然，在社会转型期，采用市场机制进行体育产业资源配置也有一定的缺陷，这主要体现在两个方面：第一，市场机制本身就是自发的、盲目的，各个体育经济组织为了实现自身的利益目标，不可避免地会与其他经济组织出现摩擦、矛盾，从而引发冲突；如果相互间的竞争持续高涨，就会浪费和损失一定数量的体育产业资源。第二，利润最大化是市场机制的主要追求，因此由市场配置体育产业资源，难以同时实现预期的经济效益和社会效益。

### 三、计划配置与市场配置体育产业资源的动力机制

向社会提供公共体育物品，实现良好的社会效益，这是体育产业资源计划配置的主要目的。

在市场经济条件下，受追求利益动机的驱使，人们希望最大化地实现自身的效用，市场配置可以最大限度地将各种经济主体的积极性激发和调动起来，这样就使得市场经济环境充满了风险、竞争和压力。在市场竞争中，优胜劣汰的机制发挥着双重作用，一方面是诱力，一方面是压力。在这两方面作用的影响下，市场主体会快速而高效地将体育产业资源配置到需求最大、作用最突出、效益产生可能性最大的地方。

## 第三节 我国体育产业资源开发与配置的优化

### 一、我国体育产业资源开发的优化路径

从优化体育产业资源的角度出发，作为一系列资源的集合体，企业只有优化配置好内、外部资源，才能够获得强大的竞争优势。在经济转型背景下，合理配置体育产业资源，深入开发与高效利用体育产业资源，能够强有力地提高体育产业的核心竞争力。

（一）促进体育产业资源的供需平衡

在开发体育产业资源的过程中，首先要对各种资源的供需情况有清楚的认识，然后采取方法去实现供需平衡：第一，在体育产业资源的流通中，对恰当的供给渠道进行选择，加强对新的供给源的开拓；第二，合理分析与掌控体育产业资源的市场需求，促进多种体育产业资源的供需平衡。

（二）结合各地优势，合理运用资源配置方式

市场机制的资源配置方式强调运行效率，在市场资源的优化配置中，价值规律无形中

发挥着重要的作用。价格围绕价值而变化。依据这一规律，市场价格机制在推动资源高效利用方面发挥了重要的作用，市场的调节作用促进了体育产业资源配置的优化发展。作为市场配置的重要补充，政府行为也促进了各种体育产业资源的利用及优化配置。在体育产业发展中，政府宏观调控职能的充分发挥能够使效率优先，使兼顾公平的构想成为现实。

此外，对于不同地区体育产业资源的现实拥有情况也要给予高度的重视，即注重分析各个地区原有的资源实力，这是实施体育产业资源战略的基础与前提。

因此，只有综合地考虑市场机制、政府行为及资源优势，才能使体育产业资源战略性开发与利用的目标得以实现。

### （三）推动体育产业集群的发展

波特最早提出了"集群"的概念。他在考察了美国、日本等国家的产业发展情况后，提出了集群内企业获得竞争优势的主要途径是主体互动和知识学习。一般而言，一定范围内的企业竞争优势集合体就是所谓的集群。在一个集群中，各个企业相互依赖，相互促进。通过发展企业集群，能够实现重新配置资源，将企业集群及核心竞争力凸显出来，从而将更多能够满足市场需求的产品开发出来。

需要重视的是，体育产业集群不是许多体育产业的简单相加，而是各相关企业以体育产业链为中心在结构与组织上的有机结合。发展体育产业集群可以在一定程度上使其获取和资源转换的壁垒得以缓解，使专业化的体育资源的共享理念成为现实，使一定地域范围内的相关企业组成生产网络，进一步优化体育产业资源，实现体育产业资源的高效配置。

### （四）加强体育产业资源的协同体系构建

为了使各项体育产业资源能够更好地与社会需求相符，在开发体育产业资源的过程中，需要树立资源的协同观，有效配置各类体育产业资源，使各类资源都能够得到优化，从而使其价值得到最大限度的发挥。经过不断的开发，我国部分体育产业资源已经实现了共享，这主要在高校的体育资源中体现出来。

### （五）促进体育产业创新能力的提升

开发与利用体育产业资源是一个动态的过程。体育产业资源经过战略性开发后，能够更好地配置，实现深度的优化，促进新资源的形成，为体育产业的发展注入新鲜血液与活力，有效地解决因体育产业资源短缺而造成的体育产业发展滞后及创新不足的问题。

## 二、我国体育产业资源配置的优化

针对我国体育产业资源配置的优化问题，可以从配置方式、配置方法及配置政策三个方面来进行分析。

### （一）体育产业资源配置方式的优化

经济学理论指出，从本质上来说，资源配置和资源流转都是一种产权交易的形式。在产权交易中，如果缺乏有效的产权保护制度，激励机制和约束机制就难以建立，从而会影响市场调节作用的发挥。所以说，市场运行规则的基本前提是产权明晰，如果产权制度不合理也不完善，就会阻碍市场运行，难以发挥出市场配置方式的作用。

同时，现在越来越多的体育赛事开始了商业化和产业化运作，也存在着产权关系不清晰的问题。如有些职业体育俱乐部并不是实体性的俱乐部，从根本上来说，它们不具备独立法人资格，所以独立进行市场化运作也是不可能的，因而会严重影响体育产业资源配置效率。

为了提高体育产业资源的配置效率，加强体育产权制度的建立与完善，需从以下几方面入手：

（1）促进产权主体结构的多元化

在衡量体育商业化和产业化发展程度的过程中，体育产权主体结构多元化是一个非常重要的指标。如果不改变产权主体单一化的问题，那么要建立多元的市场主体是不可能的，这就会限制产权交易的顺利进行，并严重影响市场运行。

（2）促进体育产权的清晰化

产权制度良性运行的首要前提是产权清晰。产权不清是当前制约我国体育产业资源优化配置面临的问题之一。因此，要进一步明晰体育产权，明确不同产权主体的权利和责任，建立有效的市场激励机制和约束机制，使体育产业资源的市场配置方式能够更好地发挥作用，推动产业资源的市场运行发展。

（3）促进体育产权的流动

产权交易的前提是产权具备流动性，倘若产权无法流动，将导致产权无法交易，此时的产权也就是一种形式。产权只有具备流动性，才能使体育产业资源配置具备实现帕累托改进的基本条件。因此，在明晰产权的基础上促进产权流动是今后产权改革的方向。只有这样，才能更好地发挥市场配置的作用，提高体育产业资源的配置效率。

### （二）体育产业资源配置方法的优化

优化体育产业资源配置的方法，主要是由粗放式配置向集约式配置转变。大卫·李嘉图最早提出了"集约"的概念。他指出，通过提高效率实现产出量增长就是集约。马克思指出，扩大再生产有内涵式与外延式两种类型：前者是集约型发展，后者是粗放型发展；前者主要通过提高质量、创新科技来增加效益，后者主要通过提高产量、扩大规模来增加效益。

改革开放后，我国在体育产业资源配置中所采用的方式不同于传统的粗放式方式，但也与完全的集约式有一定的区别。可以说当时正处于二者的过渡阶段，但目前来看，粗放式的比重仍然比较大，虽然在部分体育资源的配置中采用了集约式的方法，但在很多方面还是有很多漏洞，需要进行进一步改革。具体包括两个方面。

1. 提高科技含量

利用科技手段能够使体育产业资源配置效率大大提高。总体来说，我国体育产业规模较小，无法使体育市场日益增长的需求得到满足。所以，我们必须树立通过科技改革推动体育产业发展的意识，改变一味扩张产业规模的做法，重点依靠科技来促进体育产业资源配置的优化，促进体育产业资源配置中科技含量的增加和配置效率的提升。

提高科技含量主要可以从以下几方面进行：

（1）加强对体育科技市场的培育

为推动体育科研在新时期的进一步发展，我们应引导、推动科技力量、科技人员从科研单位转移到相关企业，促进科研与企业的共同发展；加大对体育科学技术市场的整合与改革力度，促进供需矛盾的有效解决进程。

（2）加强体育科技人员激励机制的建立与完善

随着体育产业的不断发展，科技因素的作用越来越受关注与重视，因此应建立恰当的激励机制，激发体育科技人员的热情与积极性，使其在体育产业资源的开发与配置中进一步发挥自己的作用。

（3）增加体育科研的经费投入

在体育科研领域投入一定数额的经费，有利于促进体育产业资源的优化配置。

（4）充分利用高校体育产业资源

经过多年的发展与建设，目前我国一些高校已经拥有丰富的体育产业资源，如清华大学、北京体育大学等。大量先进的体育器材、精密仪器以及体育科学人才集中在这些院校，此外，还有专业的训练基地也纷纷在高校中开始被建立。这些高校资源能够将体育研究迅速转化为产业成果，从而促进体育产业发展水平的提高。

2. 改革体育管理体制

在体育产业资源配置中，体制既是一种有效的驱动力，也是必不可少的导向标，要想使体育产业资源的配置方法从粗放式顺利转变为集约式，就要加强体制改革，发挥体制的支撑作用。资源配置方式的转变需要有一定的制度保障。对此，为推动体育产业的发展，就必须加强体制改革，推动体育管理体制改革的进一步深化，促进市场在体育产业资源配置中基础作用的发挥是改革体育管理体制的核心。

### （三）体育产业资源配置政策的优化

完善体育产业资源配置政策是发展我国体育产业的需要，通过完善政策，可以促进体育产业资源配置效率的提高。下面主要分析完善体育产业资源配置政策的途径。

1. 加大财政投入力度

当前，我国体育产业发展的一个主要制约因素就是财政投入不足。因此，我们要进行制定严格的体育投入保障政策，并明确规定在体育产业方面投入的增长速度，从而使体育产业的发展得到充分保障。

我们不但要继续推动体育产业的发展，还要促进竞技体育、群众体育之间的协调发展。大众体育未来发展的基本组织形式主要是以社区体育为主，所以政府应促进社区体育组织、设施、指导、信息等方面服务水平的提高，推动社区体育产业资源的多层次开发与高效配置，整合社区体育产业资源；从财力上支持与推动体育公共服务目标的实现，特别是在财政上大力支持农村体育公共服务体系的建立与完善。

2. 加强对财政投入结构的调整

我国体育财政支出结构不平衡，主要表现在对竞技体育的投入多，对群众体育的投入少。因为竞技体育的市场化、产业化程度比较低，所以竞技体育的资金投入形式和渠道从根本上说与计划经济时期具有相似性。在发展体育产业中，不仅要增加财政资金的投入总量，而且还要注重对财政资金投入结构的调整，将部分资金投入到群众体育中，促进竞技体育产业与群众体育产业的协调发展。

目前，我国体育工作的根本任务是发展群众体育，只有将群众体育发展好了，才能更好地推动体育产业的发展。因此，当前我国应立足国情和群众体育的特点，适当增加财政资金在群众体育产业的投入比重，引导和推动群众体育活动的开展。

# 第五章 体育市场营销

## 第一节 体育市场运行分析

### 一、体育消费与体育需求

#### （一）概念

需求与消费是有关联的两个不同的概念。需求是指对有能力购买某个具体产品的欲望。未满足的需求代表着市场机会。消费是通过购买商品以满足生活或生产的需要和愿望。需求指的是尚未执行的行为；消费是已经或正在执行的行为。需求和消费概念的相同点是：都有需要的愿望，都与购买行为相关。

消费需求的大小决定了市场发展的速度、规模和效益。如果一个社会中没有，或者只有少量的、潜在的和不规则的消费需求，那么，这个社会中市场的存在和发展都将会受到严重的制约。如果这个社会中呈现规则的、递增的和可预测的消费需求，那么，这个社会中的市场就会成为有规律的发达市场。

体育需求是指人们购买体育商品或体育服务的欲望和能力。它必须具备两个条件：一是有体育消费需要，如观赏赛事、参加健身和休闲娱乐活动、购买体育用品等；二是有经济支付能力。

体育消费是人们生活消费的一部分，是人们在理解体育功能价值的基础上，根据自己的需要和条件，寻求、购买和使用体育用品，接受劳务或服务的行为过程中对体育消费资料的使用和消耗。

体育消费是社会生产力发展到一定阶段的产物，是现代生活消费的一个重要组成部分，具有十分诱人的发展前景。它是在人们的物质生活条件满足基本生活需要的前提下，为追求个体的发展与享受所引发的消费，适应更高层次需要而做出的一种选择；它是一种伴随着对体育功能主观再认识基础上的新型消费类型；它也是个人在完成日常工作和必要的休息及家务劳动以外的闲暇时间里的消费行为。因此，体育消费在个人闲暇消费中占有重要的地位，是社会总消费中不可缺少的一个部分。

## （二）体育消费的特点

1. 体育消费的非迫切性

由于体育不是人们生存生活的基本需要，而是发展与享受的需要，故体育消费决策全凭个人意愿、兴趣、爱好，当然也与人们的收入水平、生活方式、行为习惯等有直接关系。一个人完全可以不进行体育消费而是进行其他的消费，可以现在不购买体育商品而等将来再说，也可能心情好时有体育消费而心境不佳时不在这方面消费，等等。体育消费需求弹性大，在很大程度上是由其所具有的非迫切性决定的。就这一意义上讲，体育市场的开拓者不可急功近利、急于求成，而是要按照市场发展的规律，当条件成熟时便水到渠成。

2. 体育消费具有不均衡性

一是参与消费人群的不均衡。如在健身健美俱乐部中年轻人多、老年人少，女性多、男性少，城市人多、农村人少。二是时间季节的不均衡，即体育消费的时间季节性。如保龄球馆晚上人多、白天人少（消费时间的不均衡），游泳池中夏天人多、冬天人少（消费季节的不均衡）。由于体育服务是一种非贮存性商品，这一特征在一定程度上也是体育市场中的经营者们感到困扰的问题。

3. 体育消费能力具有层次性

体育消费属于一种特殊的消费能力，即在专门或特定活动中体现出的消费能力。由于体育消费品的种类繁多，即使人们愿意从事体育消费，但一般不会，也不可能参加所有的体育消费活动，而只能参与其中一项或一部分。对参与某项或某类体育消费活动所作出的选择完全是凭个人的兴趣爱好，且具有相应的消费承受力才能得以实现。人们的消费承受力是有差别的，即使有相同的爱好，在消费过程中也会出现明显的层次性。一般来说，体育消费能力强者，能进行多样化的高消费，如既打高尔夫球又打网球；而体育消费能力弱者，则只能选择性地从事某一种适合自己的体育消费；无体育消费能力者，则多是只能望体育消费而兴叹。

4. 体育消费具有时间延续性

只要产品质量可靠，体育消费大多不是一次性的消费活动，而是连续性的消费过程。其他许多物质产品要么是提供一次性的消费，要么是向人们提供方便快捷的服务；而体育消费则不同，它的发展与时间消耗和时间延伸成正比。也就是说，体育消费的总体水平越高，人们在此花费的时间就越多，延续的时间也越长。

5. 消费选择具有一定的盲目性

所谓的盲目性表现在两个方面：一是没有选择，例如足球爱好者只有甲A比赛可看，观看之前你并不知道是否值得，所以赛后往往会说门票钱白花了；二是不知如何选择，例如参加健身、健美消费活动，你选择哪家健身中心呢？多是就近或从众。由于体育服务产品的无形性使消费者在事前难以判定其质量，多数人都是抱着试一试的想法去参与。如果产品质量有保证，参与者会继续消费；如果产品不尽如人意，那么消费者则会停止其消费活动。

6. 体育消费具有文明进步性

体育是一种人类文化活动，体育消费水平的高低是人类文明进步的标志之一。体育消费比一般的物质消费更能体现出一个国家和民族的精神风貌，并表明社会精神文明发展的程度，因而具有显著的文明进步特征。在我国，体育消费水平的提高还体现出社会经济的发展推进人们消费观念的转变。

### （三）体育消费的种类

根据不同的标准对体育消费可以进行不同的分类。体育产业经营是根据消费者从体育市场中所购买的不同类型体育产品进行分类的，大致可以分为实物型体育消费和非实物体育消费两类，消费的方式主要有以下三种：

1. 购买体育用品

因为体育用品都是实物，所以这类消费均属于实物型体育消费，指的是用货币购买体育用品的消费行为。根据体育产品的用途，实物型体育消费包括购买运动服装（含鞋、帽、手套、箱包等）、运动护具、运动器材、户外休闲运动装备（如渔具、郊游和登山用品等）、运动食品、运动饮料、体育纪念品（包括体育邮票、体育纪念币、球星卡、吉祥物以及带有会徽、名称、吉祥物等标志的各类纪念品）、体育出版物（体育杂志、图书、音像制品等）以及体育彩票等。实物型体育消费是人们体育消费的有机组成部分，是衡量体育消费水平的重要指标。

在体育用品中有相当一部分属于时尚用品，如新款运动服装、运动鞋帽、流行的健身器械等，人们购买这类商品存在着非体育的原因。主要原因包括两个方面：一是部分体育用品与一般生活用品在效用上有相互替代性，买运动服装可以部分替代他们在一般服装购买方面的消费支出；二是出于追逐时尚的动机，有一部分人，尤其是年轻人，他们购买高档运动服装、鞋帽和装备，往往并不是出于运动的实际需要，而是出于追求时尚的需要。随着人们生活水平的不断提高，这类产品与一般生活用品的替代性将逐步降低。

2. 观赏型体育消费

观赏型体育消费属于非实物体育消费，指人们用货币购买各种入场券，用于观看各种体育竞赛、体育表演，以及各种与体育有关的影视录像、展览等，以实现视觉神经满足和精神愉悦目的的各种消费行为。观赏型体育消费不仅直接形成竞赛表演市场，而且它的规模和结构从根本上决定了竞赛表演市场的规模和结构。

3. 参与型体育消费

参与型体育消费也属于非实物体育消费，主要是指居民为追求健康和娱乐而花钱购买由体育服务企业提供的健身娱乐服务，如健身技能培训、辅导、咨询、体质测试、健康评估以及体育康复等服务产品。参与型体育消费是体育消费的核心内容，也是最能体现体育消费特质的一类消费。衡量一个国家体育消费水平的高低，主要看参与型体育消费占整个体育消费比重的大小，比重大则说明消费水平高。

### （四）体育需求

实际上，体育市场需求所蕴含的是体育产品的价格与消费者愿意，而且能够购买的体育产品数量之间的关系。

1. 体育产品价格

一般来说，一种体育产品的价格越高，该产品的市场需求量就会越小；相反，价格越低，需求量就会越大。消费者在购买消费品时通常会遵循最大实际效用原则。也就是说，他们会根据所获得的市场信息，用自己有限的收入去购买对自己最有价值的物品。由于可支配收入有限，所以消费者在选择产品时对体育产品价格尤其敏感。

2. 消费者对产品的价格预期

当消费者预期某种产品的价格在下一期会上升时，就会增加对该产品的现期需求量；当消费者预期某种产品的价格在下一期会下降时，就会减少对该商品的现期需求量。在通常情况下，消费者因为不可能具备完全的知识或信息，所以他们只能做到预期效果的最大化。在体育消费中，消费者自始至终都将遇到在不确定的情形下做出决策的情况。

3. 体育市场规模

体育市场规模越大，则体育市场需求量就会越大；相反，体育市场规模越小，则体育市场需求量就会越小。这里所说的"市场规模"与市场大小有着密切联系。所谓市场大小指的是市场的边界，既包括地理边界又包括产品范畴。从地理边界来看，以健身俱乐部为例，北京的健身市场要比杭州的健身市场大，城市的健身市场要比城镇的健身市场大；从产品范畴来看，足球项目的市场要比排球项目的市场大。总而言之，市场越大，其市场需求量就会越大；市场越小，市场需求量就会越小。

## 二、体育产业的消费主体

### （一）体育产业的消费

体育产业的消费即通常所说的体育消费。对体育消费既有狭义的理解，也有广义的理解。狭义的理解通常指个人体育消费；广义的理解既包括个人体育消费，也包括商务体育消费。个人体育消费是指人们用于体育活动方面的个人消费支出行为，即体育消费者在参与体育活动中对与体育有关的实物产品、精神产品和服务产品的消费。如买票观看体育比赛、体育表演，付费参加健身、健美、武术等学习、培训，个人购置运动器材、健身设备、运动服装等。

个人体育消费是一种生活性消费，是经济社会发展到一定阶段的产物。个人体育消费是在满足基本的生存消费之后追求发展和享受等方面需要的个人消费行为，也是在完成正常的工作和必要的家务劳动等时间之外的闲暇时间里的个人消费行为。从现阶段的社会消费结构来看，个人体育消费是社会消遣和娱乐消费的重要组成部分，在个人闲暇消费中占有重要的地位。

商务体育消费是指企业、公司或其他消费者购买体育产品或体育组织、体育赛事的无形资产使用权并通过体育产品或体育无形资产的流通、转变而产生和获取更大经济效益的体育消费行为。如付费购买体育赛事的电视转播权或赞助某体育组织、体育赛事以取得广告宣传权、特许经营权等以赚取更大利润。可以看出商务体育消费是一种生产性消费。

### （二）体育产业的消费主体

体育产业的消费主体按其不同的消费形式和消费目的，可以分为个人消费者和商务消费者。按消费性质来讲，其分别属于消耗性消费主体和生产性消费主体。

1. 个人消费者

个人消费者是指体育消费的目的是为了个人陶冶情操、增进健康、欢度余暇时间、获得美的享受、提高生活质量、扩大社会交往、促进个人体力和智力的全面发展。个人消费者是体育产品的直接和最终用户，是体育市场的主要消费主体。个人体育消费一般属于发展和享受型消费，同时它又是一种消耗型消费。

人们花钱去观看竞技比赛、体育表演，或者参加各种培训、指导，接受康复体疗，进行体育休闲娱乐等，要消耗体育部门提供的体育服务（劳务）产品。由于体育服务（劳务）产品具有一次性消费品的特殊性，因此这种产品一经消费，便不能重复使用。换句话说，体育服务（劳务）产品一旦经过交换环节实现其价值之后，无论其使用价值是否完全得到实现，作为商品，它便被消耗掉了。人们只能从中得到精神的享受、知识的积累、智力的提高、体力的增强，而不能从中获得直接的经济效益。从这个角度来看，可以说，个人体育消费属于消耗性消费。衡量体育消费是否是个人消费，主要看其消费的目的和消费的性质，而不能仅凭由谁付费来判断。因为个人消费的体育消费可能是消费者自己付费，也可能是他人或单位来付费。根据其消费形式、消费目的的不同，个人消费者可以分作两类，即观赏类消费者和参与类消费者。

2. 商务消费者

商务消费者是指体育消费的目的是为了通过他们所购买的体育产品的流通、转换而产生和获取更大价值的各种各样的体育消费行为。商务消费者主要包括各种体育赞助商、媒体单位、特许权受许者等。

从现象上看，商务消费者是在购买体育产品。但实质上讲，他们是在购买一种生产资料，即一种无形的生产资料。体育产品在出售给个人消费者时是一种纯粹的生活消费资料，而在出售给商务消费者时，是消费资料，一旦交换完成，马上就转换成了商务消费者的生产资料。体育产业生产经营主体和商务消费者的这种交换行为，使体育产品实现了交换价值，为体育产业生产经营主体带来了巨大的经济收益，构成了体育市场上一大收入来源。而体育产品作为消费资料被商务消费者购买之后转换成了生产资料，很快就会给商务消费者带来巨大的商业利益（当然也有因为策划、经营不当而失败的例子）。商务消费是体育消费的重要组成部分，商务消费收入是体育组织、体育赛事收入的重要来源。

商务消费者是体育市场的重要消费主体之一。和个人消费者相比，两者主要是消费观赏类和参与类体育产品不同。商务消费者一般是消费体育组织、体育赛事、明星运动员等的无形资产，如名称、标志使用权，赛事转播权，姓名、肖像使用权，特许产品经营权等。根据其消费形式的不同，商务消费者也可以被分作两种类型，即商务赞助商和媒体商务伙伴。

## 三、体育消费者购买决策的过程

体育消费购买决策作为一个过程，一般会经历六个阶段，即形成体育消费需求、产生购买动机、收集体育商品（或体育服务信息）、评估待购体育商品（或体育服务）、购买决策和购后评价。这六个阶段环环相扣，循序渐进。

### （一）形成体育消费需求

体育消费者消费需求的形成是由内在的刺激和外在的刺激引起，或者是两者共同作用的结果。内在刺激源于消费者本身感到某种缺少，如运动不足引起的不舒服感觉等。外在刺激是指客观因素，如受到同事朋友的影响、推销广告等。体育消费需求是购买行为的起点。

### （二）产生购买动机

体育消费需求形成之后，经一定因素影响，才能产生购买动机。购买动机的形成除受到体育消费者内在生理因素的影响之外，还会受到社会因素、经济因素的影响。当这些因素对消费者产生一定强度的刺激之后，消费者便产生了购买冲动，即购买动机。

### （三）收集体育商品（或体育服务信息）

一个有购买动机的体育消费者可能会寻求体育商品的信息，也可能不会。当唤起的购买动机很强烈时，体育消费者必然会通过各种途径获得打算购买的体育商品或服务的信息。体育消费者信息的主要来源有：经验、市场、大众传播媒介等，其中市场信息和传播媒介提供的广告信息最为重要。因为它针对性强，传播面广，易为消费者所收集。

### （四）评估待购体育商品（或体育服务）

评估的内容一般包括体育商品或服务的属性、价格、效用等。消费者在评估时首先要考虑的是体育商品或服务的属性，而价格则是影响消费者购买决策的重要因素。成熟的消费者往往思考商品的性价比和商品的售后服务水平。

### （五）购买决策

体育消费者经过判断和评估后，如果对某种体育商品或服务形成一定的倾向，便会做出购买决定。但购买决定并不等于购买，在付诸行动之中，如果受到其他因素的影响，可能会放弃购买。从购买决策转化为购买行动，除了消费者的自身因素外，还会受到他人态度和意外情况的影响，这时，销售人员的营销水平将起决定性的作用。

### （六）购买后评价

体育消费者购买体育商品或服务之后，有时会做自我评价，有时会主动听取别人的品评。如果消费者感到满意，不仅可能会继续购买，而且还会积极向别人推荐；如果对所购体育商品或服务感到不满意，不仅自己不会再购买，而且还可能竭力劝阻他人购买。因此，消费者对所购体育商品或服务的评价（哪怕是偏见或误解），也会给体育经营单位带来重大影响。

## 四、体育消费者的购买心理

在形成买方市场的今天，市场营销必须站在消费者立场，分析出消费者想要什么，了解什么产品才是对消费者有价值的，进而主动去满足消费者的需要。因此，体育消费者的购买心理是体育营销人员必须认真加以分析和研究的重要内容之一。

消费者为什么购买某一特定体育产品？为什么在某一特定体育场馆或者体育用品商店购买这个产品？这就涉及到了购买动机。前者称为商品动机，后者称为爱顾动机。

### （一）商品动机

商品动机可分为感情动机和理性动机。

感情动机，是指消费者对某一特定产品还没有到必须购买的时候就产生购买冲动的购买行为。例如，有位消费者在体育服装商店闲逛时看见广告中一位自己崇拜的体育明星正穿着某一牌子的运动装打球,虽然他当时没有购买这个品牌运动服的打算,却因为接受了广告中强烈的情感共鸣而去购买这个品牌的产品,这就是感情动机。感情动机具有暗示、描写、联想的作用,因此动人的广告、别出心裁的陈列、卖场中杰出的讲解,都会导致消费者不由自主的冲动性购买。

理性动机,是指对某一特定商品的购买时充分考虑它们的实用性,如有关体育器材的电视广告常强调其坚固、耐用、便利和经济性,就是理性的讲解。理性动机通常出自产品的合理性、便利性、品质一致性、价格经济性、售后服务信赖性等几方面。通常很多产品广告都是先做理性诉求,说明产品的内涵、成分、使用方法等理性的内容,这些信息都是消费者迫切想知道的;等到过了一段时间后,再诉求感情面,像罗曼蒂克的气氛、幸福的充实感等,向消费者诉说物质享受带来的精神满足。

### (二)爱顾动机

爱顾动机也是体育产业经营者需要了解的动机。体育消费者经常到某体育场所购买体育产品,便成为该场所的固定消费者。从感情上分析,可能是由于这个场所具有迷人的卖场气氛和令人心动的陈列,或这位消费者满意于这个场所的服务态度和交易行为,或习惯使用这个场所的产品(对产品信赖感)。从理性上思考,可能是这个场所具有价格低廉、商品品质优良的特点,声誉良好,或有令人满意的服务态度,或购买场所交通便利,或购物时需要的时间较短等。

## 五、影响体育消费需求的主要因素

在现实生活中,人们主要通过两种途径来获得体育消费需求的满足:一种途径是消费者直接在体育市场购买体育消费品(包括体育服务产品)以满足个人的体育消费需求;另一条途径是通过社会公共消费基金的支付,由社会提供公共体育锻炼场所和公共体育锻炼设施,以满足人们的体育消费需求。与这两种体育消费的基本途径相对应,人们的体育消费就具有了较固定的两种方式。在市场经济条件下,人们要获得体育消费满足,就只有以上两种途径。并且,第一种途径会比第二种途径更具有需求的价格弹性。

体育消费需求同属于经济和体育两个领域的重要范畴。随着人们生活水平的提高,体育消费需求呈现不断上升的趋势。充分了解影响体育消费需求的主要因素,对分析和解决体育消费需求方面存在的问题具有实际意义。影响体育消费需求的因素主要有以下六个方面:

### (一)体育产品或服务的价格

体育产品或服务的价格由体育产品或服务的供求决定。我们探讨体育产品或服务的价格对体育消费需求的影响,往往是从体育产品或服务的价格敏感度入手。价格敏感度是市场反应的温度计,通过它我们可以很快地了解到体育产品的价格变化与市场需求量变化之间的关系。对于某类具有较大需求弹性的体育产品或服务,价格的变动会引起消费需求量的较大变动;而对于某类需求弹性较小的体育产品或服务,价格的变动则基本不会引发消费需求量太大的变动。

## (二)相关产品的价格

在体育领域,人们对一种体育产品的需求、观看一场比赛的热情或参与某项体育运动的欲望,不仅取决于该体育产品(或比赛门票、参与该项体育项目的必须支付)的本身价格,而且还取决于相关产品或服务的价格。这种相关产品或服务分为两类:一是替代品,可以用来代替另一种物品的物品;二是互补品,与另一物品结合起来使用的物品。在体育领域,互补品出现的频率是极其高的。互补品有这样的特征:当一种物品的互补品价格上升,人们会减少对这种物品的购买;相反,当某种物品的互补品价格下降,人们也会增加对这种物品的购买。因此,一种物品互补品的价格变动会影响该种物品的整个需求。

## (三)收入

在其他条件不变的情况下,收入增加,消费者会增加对更多的体育用品及各类体育门票的购买和对更多体育运动项目的参与;相反,当消费者收入下降时,消费者会减少这方面的开支,减少对高消费的体育运动项目和体育赛事门票等的消费,转而消费相对低消费的体育运动项目或用看电视转播等方式替代现场观看体育比赛,这样一来,体育消费需求就会出现下降趋势。

## (四)人口因素

体育产业消费需求还取决于参与体育活动的人口规模。在其他条件不变的情况下,参与体育活动的人口越多,对所有体育物品与服务的需求就越大;反之,参与体育活动的人口越少,对所有体育物品与服务的需求就越小。由于中国社会不断出现老龄化的趋势,45岁以上的人口将日趋增加。他们会更关注健康,可能会逐渐参与健身和户外活动,除此之外,他们也有时间和经济实力去参加常规体育运动,因此,他们是体育市场中主要的目标消费群体。人口因素主要包括以下六个方面:

1. 总人口数

它指一个国家或地区的总人口。一般来说,人口越多,市场需求量越大,体育消费更是如此。发展体育市场,要对本国、本地区的体育人口进行认真的研究,提供什么样的体育产品或服务,首先要调查目标市场的体育总人口数,以便对该产品或服务的市场容量有个粗略大致的了解。

2. 年龄分布

不同的年龄组对体育产品、服务的需求和兴趣不同。如年轻人喜欢漂亮的运动服，喜欢参加新潮的、激烈的体育运动；而中老年人则喜欢放松、休闲的体育活动，对方便的体育用品、保健品特别青睐；儿童则喜欢体育游戏、玩具等；青年女性则喜欢健美运动等。儿童与妇女这两个群体的体育市场潜力非常巨大，值得重视。

3. 性别

不同性别的消费者对商品的需求有很大差异，而且在购买方式、动机上也有很大不同，表现在体育需求上也是如此。

4. 教育程度

人们接受的教育程度不同，对生活的追求也不同，对体育的消费观念也不同。如受教育程度高的人，在文化用品上的花费上较多，对体育消费的认识就高；而受教育程度低的人，在对体育消费的认识就会偏低，对于体育消费较少，甚至没有。

5. 人口的地理分布

我国东部沿海地区人口密集，西部地区人口稀少；全国人口 36.1% 在城市，63.9% 在农村。这些都是体育市场需求的客观现实条件。

## （五）偏好

参加某项体育运动的趋势会受到消费者偏好的影响，假如消费者对某项运动项目感兴趣，其参与这项运动的可能性就会偏大。所以，一项体育运动的推广和该项运动在其高水平竞技领域所达到的认知水平有关。其运动水平越高，欣赏价值越大，被吸引参与该项运动的人数也会越多。

## （六）余暇

一般来说，余暇时间越多，人们用于体育锻炼和观看体育比赛的时间也会增多，而且不再像过去那样固定。相比而言，男性每周参加体育活动时间比女性每周参加体育活动时间要多，延续时间要长；老人也有更多的时间去参加体育活动。近年来，可供选择的体育活动项目增长迅猛，人们已不是在一天当中的固定时间来参加体育活动，而是可以相对随心所欲地结合自己一天的时间安排来参加一定量的体育活动。

这种状况必将对体育产品的供给产生深刻的影响，也对体育服务提出了更高的要求。另外，已经成为年轻人时尚的惊险体育活动很可能在今后成为中老年消费群体效仿的活动。

# 六、体育产业的供求分析

体育产业的需求弹性反映的是体育产业需求量对其自变量变动的敏感程度。以下三种是最常见的体育产业需求弹性。

## （一）体育产品或服务需求的价格弹性

体育产业体育产品或服务需求的价格弹性，是用来衡量一种体育产品或服务的需求量对于该种体育产品或服务的价格变化的反应程度的尺度。体育产品或服务需求是价格弹性的决定因素。

1. 时间的长短

按照不同的时间段对体育消费需求进行考察会发现，随着时间段的延长，消费需求弹性会变大。因为时间段越长，越方便消费者对自己的消费进行调整。

2. 体育产品和服务对消费者的重要性

体育产品和其服务不同于生活必需品，但随着人们生活水平的提高，余暇时间的增多，交通等设施的便利，以及全民健身计划的推广，体育渐渐呈现生活化的趋势。人们在体育产品和服务方面的支出有逐渐加大的趋势，体育成了现代人生活中不可缺少的一部分。但不同的体育产品和服务对于消费者而言仍然会有"必需品"和"奢侈品"之分。这里所讲的"必需品"是指那些能满足人们基本健身、娱乐休闲需求的体育产品和服务，这些"必需品"有相当一部分属于公共产品或半公共产品，免费向广大居民开放或象征性地收取一定的费用，如许多高校的体育设施免费向广大师生开放；还有一些小区的体育健身设施向广大居民开放；公园里的公共体育设施的使用等都属于这种类型。而与此相反，"奢侈品"的价格弹性则较大，如保龄球在价格较高时，则购买者较少，是"贵族化"的体育运动项目，当其价格降到适当的位置时，则购买者就会与日俱增，成为"平民化"的体育运动项目。不过，体育产品或服务的"必需品"和"奢侈品"的划分具有历史性、地域性，故同样的体育产品或服务，在不同的国家或不同的时期的需求价格弹性往往是不一样的。

3. 体育产品和服务的可替代程度

某种商品的替代品越多，则该种商品的替代性越强。这个规律对于体育产品或服务同样适用。一种体育产品或服务的替代品越多，则该种体育产品或服务的替代程度也越高，那么它的需求价格弹性就会相对较大。当体育产品或服务处于这种状况下时，体育产品或服务的价格上涨，会引起消费者转而购买其他替代品；反之，体育产品或服务价格下降，则会导致原购买它的替代品的很多消费者转而购买这种体育产品或服务。如果一种体育产品或服务没有替代品，那么消费者可能不管其价格如何都会去购买，故其需求价格弹性就会较小。

## （二）体育产品或服务需求的交叉价格弹性

体育产品或服务需求的交叉价格弹性，是指相关商品价格变化对该体育产品或服务的需求量的影响，它是用来衡量一种体育产品或服务的需求量对其他产品价格变化的反应程度的一个尺度。

根据有关替代品和互补品的概念可知，替代品的交叉价格弹性必为正，互补品的交叉价格弹性必为负。如果两种商品几乎毫无关联，则它们的交叉价格弹性近乎为零。

## （三）体育产品或服务的供给弹性分析

体育产品或服务的供给价格弹性与需求价格弹性是完全对称的。结合供给法则来看，体育产品或服务的供给弹性经常表现为以下三种情况：

第一，供给富于弹性，即体育产品或服务供给量变动幅度大于价格变动的幅度。这类体育产品或服务，提价可以大幅度地增大其供给量，削价则相反。保龄球就是一个很好的例子。当其在中国还属于"贵族化"运动时，因其价格比较高，整个经营保龄球的行业都存在超额利润，吸引其他商家的进入；随着经营者的增多，供给量也随之加大，使之走上了"平民化"的发展趋势。

第二，供给是单元弹性。体育产品或服务的供给量与价格成正比例变化。

第三，供给缺乏弹性。体育产品或服务的供给量变动幅度小于价格变动幅度。体育产品或服务的供给价格弹性是主要决定因素。

一是时间的长短。长期内，厂商改变供给量的难易程度差异不大；而短期内，厂商改变供给量的难易程度则会因体育产品或服务的不同而产生差异。一般来说，劳动密集型体育产品或服务的供给量变动比资金密集型和技术密集型的容易得多。劳动密集型体育产品或服务的生产企业，对资金、设备和技术的要求相对较低，企业生产能力的扩大或缩减只需增减具备一般劳动力和普通技能的劳动者即可，不存在增加和处理专用设施等问题。由于这些条件较易迅速实现，因此，这类体育产品或服务的生产规模变动相对容易。而资金密集型体育产品或服务的生产企业，生产要素主要以服务设施等形式存在，企业的生产规模变动会遇到设施的建设与处理等问题，所以其生产规模变动相对困难。这类体育产品或服务的价格上升，短期内只能刺激企业兴建相关设施，而不可能使其供给量猛增。还是以保龄球馆的经营为例。在保龄球馆内，为客人提供斟茶倒水等这类服务，属于劳动密集型的体育服务；而提供保龄球球道等设施供消费者使用则属于资金密集型体育服务。对于一家保龄球馆而言，它在生意兴隆时，只需增加服务员的数量，就可以满足经营要求，这在短期内就可办到；而假如它想通过扩充球道数量来容纳更多的消费者，则这就不是短期内能达到的事情。

二是进入和退出的难易程度。如果某一行业的进入和退出壁垒很少，厂商可以根据市场和本企业的情况进退自如，则该产品的供给弹性会较大，反之则较小。

## 七、体育产业的运行机制

### （一）体育产业资源配置方式

1. 以市场需求为中心的配置方式

以市场需求为主的配置，是指体育产业资源的流向和配置完全由体育市场的实际竞争状况来确定。这是一种以市场需求和市场竞争为主导的资源配置方式。在这种方式下，人们的体育需求、体育市场的有效供给状况及由此决定的价值信号是调节体育产业资源流向的唯一因素。

作为一种产业活动，体育产业的发展以追求利益为目的是毋庸置疑的。但在完全市场化时，为了追求利益的最大化，市场行为势必使得稀缺的体育产业资源流向最有利可图的地方，但这未必是最需要这种资源的地方。因此，在采用竞争等市场手段实现供给与需求满足的同时，很有可能由于纯粹的市场竞争导致体育产业资源与事实拥有上的不平等状况的不断加剧，而这并不是我们进行体育产业资源配置的目的所在。因此，面对具有社会主义公益性特点的体育事业，在相关的产业发展中，产业资源的配置应在保证经济效益的同时，应注重避免和减少由市场配置带来的社会效益的损失。

2. 以政府目标为中心的配置方式

以政府目标为中心的配置，是指体育产业资源的流向和配置完全由当地或体育产业资源的管理部门的主观意志来确定，而不考虑市场状况及当地的资源状况。这种方式下，政府意志成为资源配置的主导，且多使用行政计划的形式来实现资源的调配。这一方式要想实现相对的资源优化配置，其前提是计划部门，即政府在制定目标时要充分认识其资源优势，并能够对市场规律及未来发展进行科学、客观、正确的预测，即拥有完全信息和正确决策。在这种情况下才可能有适应资源需求与供给状况的资源配置方案。

然而，事实上，由于体育产业系统是一个复杂的大系统，受到多种因素的影响，并始终处于一个动态的发展变化过程中，完全信息状态是难以实现的。加之，政府部门作为社会利益主体的一部分，其决策及目标的设立具体反映了其决策者的主观意愿。因此，以这种复杂的、具有主观性和多元化特点的政府目标为中心，通过完全计划配置的方式进行体育产业资源的配置存在着弊端。

3. 以资源优势为中心的配置方式

以资源优势为中心的配置，是指体育产业资源的流向和配置完全由该地区体育产业的资源拥有情况来确定，不考虑市场状况及政府意志。这是许多地区在资源丰富的状态下经常采用的一种资源配置方式，它着重强调资源在产业发展中的中心地位，但比较之下忽视了资源的市场需求及资源向产品转化的市场必要条件。资源优势所提供的充裕资源条件是资源配置的可能条件，但并非其必要条件。

也就是说，从资源配置的最终目的的角度来考察，以资源优势为中心，不考虑市场状况和地区发展目标的资源配置，最终可能由于市场需求的不足，或其他政策因素，导致资源开发无法实现应有的效益。

### （二）体育竞争性领域与市场价格机制

凡是能进入市场、由市场机制调节其供求的部分，其都属于体育的竞争性领域。体育的竞争性领域大致由以下内容组成：休闲娱乐健身体育、体育用品、体育广告业、体育博彩业、门票、体育场地出租、体育纪念品销售、电视转播权等。

在这个领域，价格信号是反映供求状况的一面镜子，直接对生产、消费产生影响，引导着资源的最优配置。

在体育的竞争性领域内，存在大量的创新型体育服务产品，它们的价值量难以被确定，原因如下：

第一，不可重复性和扩散性。如运动训练新原理的提出，新的体育技术、战术的创新，重大而精彩的比赛场面，新的运动纪录的创造等都具有不可重复性和扩散性。在这里不存在生产同一产品的若干个个别劳动时间，因而无法用社会平均必要劳动时间来确定其价值。

第二，效果的不确定性。如很多重大赛事的比赛胜负、名次的排列、运动成绩等具有不确定性；体育赞助和体育广告给商家带来的利益等也具有不确定性。因此体育服务产品的这种不确定性使其价值量也具有不确定性。

第三，某些体育服务产品有差别明显的前期阶段和后期阶段。如体育竞赛和表演服务。前期是训练阶段，即生产半成品的准备阶段，后期是提供可供消费的体育服务产品的最终阶段。而且这类体育服务产品的生产过程往往是前期阶段的长度远远超过了后期阶段，前期阶段的劳动和后期提供的最终产品的质量关系极大。

由于以上三个原因，体育竞赛市场上体育服务产品的价值量是难以进行计算的。因此，在体育竞争性领域，体育服务产品的价格对于价值表现出较大的独立性，即在价值量不变的情况下，价格可能有较大的变动。人们对体育服务的需要属于享受和发展的需要。但现阶段，从整体上讲，尚属于非基本需要，不具备消费刚性，其还是具有较大的弹性。对体育服务的需求，不仅受价格的影响，而且还受许多非价格因素的影响。如居民的收入水平、工作和生活条件、余暇时间、文化传统和体育观念、时尚和习俗、个人爱好和主观评价等因素的影响。

### （三）我国体育产业的资源配置方式

在我国，体育产业的资源配置方式是在国家宏观调控下进行的，以市场机制为基础性调节机制的资源配置方式。

1. 政府对体育产业的宏观调控和管理的基本内容

体育管理主要是指管理主体为达到一定的体育管理目的，在一定的体育思想指导下依据体育规律对整个体育活动进行有效的决策、计划、指挥、组织、调节与监督，以取得最佳的体育效能的过程。体育产业的管理则是通过管理体育产业的主体以实现一定的体育目的和产业的经济目的，依据体育规律和经济规律，对体育产业活动进行有效的决策、计划、指挥、组织、调节和监督，以取得最佳的体育本质功能效果和相应的经济效益的过程。体育产业不是体育和产业的机械相加，而是从一方面看它是体育活动，从另一方面看是产业的经济活动。因此，就体育产业的管理对象内容来看，它仍可分为体育活动和经济活动。体育宏观管理对象内容也是如此，具体来说，包括体育产业的规模和质量、结构和布局、经济运行等。

2. 政府对体育产业的宏观调节是辅助性的调节

在建立有中国特色的社会主义体育事业的管理体制中，应充分考虑在发挥市场对体育产业产生促进作用的同时，加强和改善政府对体育产业的宏观调控。政府对体育产业的宏观调节是政府对管理体育产业的基本职能，它可以解决市场所不能解决的问题。政府的控制和干预可以保证体育产业的政治方向，同时也可以充分保证体育事业的健康发展。

3. 市场机制对体育产业的调节是基础性的调节

市场经济作为一种经济机制，它的核心是利用价值规律和供求关系的变化，通过自由竞争、优化资源配置来获得最大的效益。因此，对于市场经济来说，一切经济和社会活动都会受到市场经济规律的影响和制约。体育作为一种具有巨大投资效益的战略，同样是一种高度社会化的活动。在市场经济条件下，它也必然受到市场经济的许多特性和规则的渗透和影响。我们可以看到，市场机制有助于推进体育资源的合理配置，也有助于体育供求的平衡，更有助于体育运动技术水平的提高。

尽管如此，市场还是一只"看不见的手"，在体育领域自发地发挥作用中，也有其显而易见的弱点和消极方面，它将以各个体育微观单位的利益作为体育产业经营开发的出发点，它不能自动地反映体育供求的长期变动趋势，不能自动地实现当前利益和长远利益、局部利益和整体利益的有效结合，很容易产生某种程序的自发性和盲目性。由此可见，市场机制对体育产业的调节就是基础性的调节。

## （四）体育产业资源的开发

体育产业资源开发，是指通过适当的方式，把潜在的体育产业资源改造为可供利用的资源内容并得以实现，或有效发挥、改善和提高体育产业资源利用率的经济过程。应该说这一过程包括两个不同类型的部分：一是发掘出新的资源内容；二是深度提高原有资源的利用效率。而不论是哪一类型的开发，其实质都是尽可能地发现和利用各种资源，以达到更高的资源价值和产业发展目的。

1. 考虑市场需求状况

体育产业资源开发的最终目的是为了实现资源的最大效益，为了最大限度地满足资源需求。在从资源向产品的转化过程中，市场需求决定了转化的量及范围。因此，在体育产业资源开发中，对需求的客观认识成为资源开发能否成功的前提。

2. 坚持可持续发展观

可持续发展观是人类发展中必须坚持的重要观点之一，在资源开发中这一观点尤为重要。它要求我们在资源开发时不仅要着眼于现在，而且更重要的是要顾及和考虑未来可能的发展状况；不仅重视资源效益最大限度的实现，更重视有效节约资源，以便在满足当代体育产业发展需要的同时不损害未来体育产业的发展。

3. 突出重点目标，兼顾综合效益

体育作为我国社会文化的一个重要组成部分，具有社会主义公益性质，因此，体育产业的发展也必然表现为多效益的综合实现。我们从事体育产业资源的开发，应该针对体育产业的这些基本性质、基本特点，在开发中围绕不同资源的特点、功能，不同产业主体的特点及规律，确定合理的开发目标，既突出产业主体发展中的重点目标，保证其在主导利益实现下的生存，又兼顾体育产业资源开发中综合效益的实现，以保障资源开发活动顺利开展，即产业主体产业活动的良性运转。

4. 全面认识、综合开发，客观认识资源的流动弹性

体育产业资源的范畴广阔，边界模糊，因此，对其的开发应以全面认识为前提，在进行开发时，首先能够确认开发对象的范围，即外延的确定；其次就是对其开发方式及效果的深度挖掘，即内涵的开发，尽可能实现资源的各种综合效用。

另外，由于资源一般都具有一定的流动弹性，但其流动弹性各不相同，如人力资源具有较高的流动弹性，而自然资源的流动弹性相对较低，稳定性较高，因此，在进行体育产业资源开发的过程中，必须要能够客观地认识各类体育产业资源的流动弹性特征，针对不同类型的不同特点，采取不同的开发方式。

# 第二节 体育产业的市场营销

## 一、体育市场营销的基本步骤

理解消费者和提供能满足消费者需求的体育产品，这是任何一个体育产业组织开展体育市场营销的基本前提。体育市场营销通过进行市场调研及预测，分析营销环境各基本因素对经营者市场营销的影响，使体育产业组织认识特定的体育市场，掌握和预见市场消费需求的现状和变化趋势。

### （一）市场调研

预见消费者需求的其中一种方法是通过进行市场分析研究来收集关于体育消费者的信息。市场调查是应用得最为广泛的营销调研工具，通过问卷、电话或邮件（亦包括电子邮件）来了解体育消费者的意愿、态度和购买行为。

### （二）分析市场营销环境

市场营销环境是指存在于体育产业组织营销职能之外的不可控制的因素，这些因素制约和影响着组织的生存和发展。

市场营销环境包括微观环境和宏观环境。微观环境是指与产业组织紧密相连，直接影响组织营销能力的各种参与者，包括组织内部的组织架构和管理制度、市场营销渠道链中的企业机构、顾客和潜在顾客、体育产业中存在的竞争者以及社会公众。宏观环境是指影响微观环境的一系列社会力量，主要有人口（总量、年龄结构、性别、地理分布、家庭组成）、经济环境（收支情况、区域发展状况）、政治法律环境、科学技术环境以及社会文化环境。

微观环境直接影响与制约体育产业组织的营销活动，而宏观环境一般在影响微观环境后，间接作用于组织的营销活动。虽然如此，由于宏观环境的改变与微观环境的变化存在着一些必然的联系，因此，研究体育产业组织所处的宏观环境依然重要，尤其是在国际体育营销当中。研究市场营销环境是为了清楚认识体育产业组织所处的状态，明确消费者的需求变化，其作用在于回避环境威胁和把握市场机会两个方面。

1. 市场营销的环境威胁

环境威胁是指环境中不利于体育产业组织营销的因素和发展趋势。这种威胁的来源可能是多方面的。

一是在我国体育体制改革的关键时候，体育管理部门制定的管理制度落后于体育市场的现实发展状况，不能充分发挥出应有的管理职能。

二是体育的产业性和事业性划分不清,导致了很多体育组织产权模糊,阻碍了市场机制的发挥。

三是社会公众对体育的认识有限,甚至存在着偏见,体育产业中很难吸引到大规模的投资。

四是加入WTO后,外资的大量涌入对我国尚处萌芽和幼稚状态的体育咨询、体育保险、体育中介、体育管理等构成很大威胁。了解环境威胁的目的是要正视它,尽量解决它,而不是怨天尤人。

2. 市场营销的机会

(1) 环境市场机会与企业市场机会

市场机会实质上是"未满足的需求",环境市场机会通常是伴随着环境的突变而产生的。

(2) 行业市场机会与边缘市场机会

出现在体育产业领域内部的市场机会,被称作行业市场机会。2003年10月,由国家标准化管理委员会和国家体育总局联合发布了《健身器材、室外健身器材的安全通用要求》(以下简称《要求》)。该《要求》旨在规范目前我国健身器材生产及销售,同时也是对生产和销售企业的一次"洗牌",不符合要求的企业会受到限制,而对于符合要求的企业产品来说,无疑是一次拓展市场的有力机会。出现在不同行业之间的交叉与结合的市场机会,被称为边缘市场机会。例如旅游业的持续升温提供户外运动装备以及汽车露营活动更广泛的市场发展空间。

(3) 目前市场机会与未来市场机会

明智的企业不仅能把握目前的市场机会,还善于洞察未来的市场机会。随着科学技术的突飞猛进,新材料、新工艺、新手段也越来越多地被应用到体育中,一个可以预见的趋势是:更多模拟的、在线的体育游戏会被推向市场,这样的活动人们感觉会更安全、更经济、更有趣味。

## (三) 市场的选择

市场选择包括以下三个方面:

1. 市场细分

体育市场细分,是指按照体育消费者需求把一个总体市场划分成若干个具有不同特征的子市场的过程。分属于同一细分市场的体育消费者,他们的需求极为相似;分属于不同细分市场的体育消费者对体育产品的需求则存在着明显的差别。市场细分的客观基础是消费者需求的差异性。体育市场细分就是把这种差异进行分离,使之成为一个个相对具有同样特点的市场。市场细分的目的是为了选择合适的目标市场。有效的体育市场细分必须具有以下五个特点：

一是可衡量性。其用来划分细分市场大小和购买力的特征性程度，应该是能够加以测定的，达到量化水平。

二是足量性。被细分后市场的规模应该大到足够获利的程度。

三是可接近性。即能有效地到达细分市场并为之服务的程度。

四是差别性。细分市场在观念上要有所区别，提出各种不同的方案，并且对不同的营销组合因素和方案做出不同的反应。

五是可能性。细分市场必须是能够提出可行性计划的，而这个计划必须要具有一定的有效程度。

2. 体育目标市场的选择

选择目标市场，即决定以市场细分后的哪部分消费者作为营销的对象，以后所做的一切营销工作都将是围绕该群体的需要而展开的。目标市场的选择必须遵循以下原则：

（1）适当的消费者规模

目标市场中必须有足够多的消费者对体育产品和服务具有潜在的购买欲望，这样才能保证其需求水平能够符合企业销售的预期水平。目标市场不应过多，消费者规模应适中。因为体育用品与服务的涵盖面相当广泛，且差异显著，众多的目标市场使企业多线作战，不利于发挥自身的优势，因此，企业很难在目标市场中均取得满意的经济效益。

（2）目标市场的同一性

市场的特点易于确认，市场内的消费者有共同的需求。人们从事体育活动的一个重要特征是因人而异。从年龄来看，青少年活泼好动，追求挑战，喜好运动，如篮球、滑板等；而老年人喜欢温和、非对抗性的活动，如棋牌、剑舞等；从生活方式来看，个性化的人喜欢标新立异的服饰，喜欢个人项目，而组织化的人追求团体的归属感，更愿意从事协作性强的集体项目，且从众心理明显。因此，体育用品或服务的供给商应该根据这些特征有针对性地选择自己的目标人群。

（3）目标市场的可操作性

选择目标市场最关键的一环是可操作性，即通过一定的手段和渠道，让你的潜在消费者能感知和了解到你的产品或服务，然后以最便捷的渠道让他们及时获得。如果体育产品不能送达到消费者手中，或者不能充分地与消费者交流，目标市场的选择无疑是失败的。例如，在一个没有电视信号和报纸的偏远地区，向当地居民推销足球彩票是毫无意义的。

3. 市场定位

体育市场定位是营销过程中选择目标市场的重要环节。体育市场定位就是企业根据目标市场上同类体育产品的竞争状况，针对消费者对该类产品某些特征的重视程度，为本企业产品确定独特的、有价值的位置,并将其形象生动地传递给消费者,求得消费者认同。市场定位的实质是使本企业与其他企业严格区分开来,使消费者明显感觉到、认识到这种差别,从而在体育消费者心目中占有特殊的位置。

体育市场定位与体育产品差异化有着本质的区别:市场定位是通过为自己的产品创立鲜明的个性,进而塑造出独特的市场形象来实现的;体育产品差异化乃是实现体育市场定位的手段,并不是市场定位的全部内容。另外,体育市场定位不仅强调体育产品的差异,而且要通过体育产品的差异树立独特的市场形象,赢得体育消费者的认同。体育市场定位的原则主要有如下几点:

一是根据具体的产品特点定位。构成产品内在特色的许多因素都可以作为市场定位所依据的原则。

二是根据特定的使用场合及用途定位。为老产品找到一种新用途是为该产品创造新的市场定位的好方法。

三是根据消费者得到的利益定位。产品提供给消费者的利益是消费者最能切实体验到的,也可以用作定位的依据。

四是根据使用者的类型定位。企业常常试图将其产品指向某一类特定的使用者,以便根据这些消费者的看法塑造恰当的形象。

体育市场定位的层次,主要分为行业和企业两个层次,后者还分为产品定位、服务定位、人员定位、渠道定位和形象定位五个方面。

## 二、体育市场营销策略

### (一)体育产品的组合策略

1. 体育产品的结构设计

随着体育市场不断地成熟和发展,大量的事实表明,体育运动不仅逐渐成为推广和宣传产品的良好载体,而且其本身就具有巨大的主体开发价值。当运动装备、运动器材和运动服装等被假设为广大百姓所固定和消费的商品时,其商业运作的结构设计重点则围绕着体育产品的功能而进行;当运动员、运动会和运动队被假设为是市场主体并进行研究时,其商业运作的结构设计侧重点围绕着体育运动的社会性和情感性而进行。

所谓体育产品的结构设计,是指买方或者卖方为了完成一个体育产品的等价值交换,对该产品在参与性、娱乐性、表演性和观赏性等方面进行重组,从而设计出一个更为市场所接受的商品。在大多数情况下,经过设计的这个商品与其原形已发生了相当程度的变化。从这个意义上说,一个市场竞争力较弱的体育产品,经过结构设计后有可能变成一个新上市的颇具吸引力的抢手商品。

2. 体育产品的品牌策略

由于现在同类产品在性能、质量、服务等方面的差距越来越小，产品的同质性越来越高，品牌也成为衡量产品的重要因素，所以，越来越多的企业都把品牌作为企业生存的生命线，生产体育产品的企业也是如此。

品牌就是商标。它能够反映一个企业的整体素质，标志着企业的信用和形象，是企业的无形资产；品牌还可以集中反映一个企业、一个地区，乃至一个国家的综合实力。现在世界上经济发达的国家，都是以著名品牌作为其经济支柱的。

在中国，品牌意识也在日益强化。众多的地方名牌、国家名牌，如雨后春笋般涌现出来的传统的老字号也强化了对自己品牌的重视和保护。各种各样的专卖店、专柜出现在街头，体育产品逐步走向集中化、专营化的道路。广大消费者的购物方向逐渐从百货商场转向了专卖店；消费观念也从满足一般使用功能开始转向追求品牌。

## （二）体育产品的定价策略

产品的价格是其价值的体现，是生产者根据包括研制、加工在内的生产成本，运输、仓储、销售等流通领域的成本和适当的利润确定的，并且受到市场需求、竞争力等诸多因素的制约，所以它是一种产品在市场上的集中体现。因此，价格是市场营销的重要组成部分。如何定价，所定的价格高低是企业经营者必须重视的问题。

1. 体育产品的定价目标

不同的企业有不同的定价目标，一般是根据企业自身在市场中的地位和对市场的预测来定的，并且根据不同的时间采取不同的定价目标。

2. 影响定价的因素

除了根据市场因素和成本、利润的条件定价以外，还有一些因素影响着其价格。企业在推出一种产品或者服务时，往往结合多种因素来完成定价。

3. 体育产品的定价策略

在制定价格时，不同的企业对于不同的产品往往实行不同的定价策略。它们在分析了市场前景、自身和竞争对手的经营状况后，确定了自身的定价目标，然后，根据定价目标决定采取什么定价策略。

4. 定价方法

体育市场中的价格是由体育产品和服务的价值决定的。在体育市场中，经常使用的定价方法主要有以下三种：

一是成本添加定价。成本添加定价，是指在成本的基础上加上期望获得的利润的定价方式。这种定价方式中的成本是由盈亏平衡点的计算公式决定的。它的利润亦称为添加量或边际效益。

二是价值附加定价。价值附加定价，是指在与另一个产品进行比较后，将一个产品的使用价值因素增加到价格中去的定价方式。如果一个制作网球的厂家在进行产品试验后，发现他们的网球使用周期比另一个竞争对手的产品使用周期高出一倍，他们也许会把自己的产品价格提高一倍。因为消费者能够接受更高的价格去买更实用的产品。

三是竞争策略定价。竞争策略定价，是指针对竞争者或针对市场状况所进行的定价方式。在针对竞争者的定价策略中，一个通常使用的方法是将自己的产品与竞争者的同类产品相比较，并在自己的产品上增加更多的附加值以提高价格。在针对市场状况的定价策略中使用的方法，是将自己的产品与相关产品进行比较后进行定价，以争取消费者。如果市场调查揭示某地消费者的空闲时间更多地用于看足球赛或看电影，那么体育市场的组织者就应考虑将足球的票价与电影票价相比较，因为电影票价已成为足球票价高低的影响因素了。

无论采用哪种定价方式，体育市场中价格的敏感度都是一个不得不考虑的因素。价格敏感度是市场反应的温度计，可以迅速地反映出某产品的价格变化与市场需求量变化之间的关系。两个测定价格敏感度的应用指标为价格弹性和价格惰性：当一个体育产品的价格变化会引起较大的市场需求变化时，这种现象被称为价格弹性；如果一个体育产品的价格变化并不能引发较大的市场需求变化，这种现象被称为价格惰性。

## （三）分销策略

分销策略，有的营销理论称其为地点策略，是指如何将体育产品或服务最有效地销售到消费者手中。例如，在什么地方兴建新的运动场——是成立体育用品专营店还是与大型超级市场合作；或是通过对媒体的选择转播比赛——是在有线电视网上还是在互联网上；等等。体育市场的分销方法注意包括以下两种：

1. 直销

提供现场比赛或经营健身娱乐项目都属于直销。此外，越来越多的交互手段被应用于直销，如电视直销、网络直销和邮购。

2. 中介销售

随着体育商品市场体系的逐步完善，更多体育产品的销售任务交给了专业的营销机构来完成，它们被称为分销中介。

（1）买卖中间商

包括批发商和零售商，他们买产品，取得所有权，然后再销售商品。

（2）代理中间商

他们负责寻找顾客，也可代表体育产品的生产者进行谈判，但是一开始不拥有体育产品的所有权。

### (四)促销策略

促销,是促进产品销售的简称,是指体育营销人员利用各种方式,沟通生产者与消费者之间的信息,引发、刺激消费者的消费欲望和兴趣,实现其购买的行为。促销的实质是生产者和消费者之间信息沟通的过程。促销策略包括广告、赞助、公共关系、销售促进和个人销售的运用等。促销是立足于将现有的产品卖给消费者,是以体育产品的销售为出发点,寻求市场份额,即产品运营市场的观念;而营销的目的是要最大限度地满足消费者的需求,以市场需求作为产品生产的原动力,即产品运营市场的观念。促销手段的运用是市场营销必需的方式之一,但切忌以偏概全。由于不同目标市场中消费群体需求的不同,而且各种体育产业市场亦有自身的特点,因此,其中的市场营销策略也表现出一些明显的区别。

### (五)产品与服务策略

产品与服务策略,是指依据顾客的关注来提供能满足其需求的产品或服务。在该策略中,体育营销者需要决定产品的特许、销售规划、品牌和包装,以及更宏观一些的诸如新产品开发、维持现有产品和消除劣势产品等。此外,由于大量的体育产品是以服务而非实物的形式出现,因而体育产品的服务价值、人员价值和形象价值就值得特别重视,以增加消费者所购买的总价值。

## 三、体育产品营销

### (一)体育产品分销渠道

#### 1. 体育产品分销渠道的构成

一个体育产品从生产者到消费者的手中,至少要经过一个环节以上的流通环节。以运动服装为例,需要经过生产厂商—推销商—批发商—零售商,然后才能到达消费者手中,如果再加上包装、运输、保险、仓储和市场推广等不同环节,其流通环节甚至可以超过十个。

#### 2. 体育产品分销渠道的建立和维护

在目前情况下,经常介入和参加到体育产品销售体系中的组织和群体,大致包括以下几种:制造商、经销商、批发商、零售商、体育市场推广机构和体育产品消费人群。在这套体系的建立中,"销售渠道""销售类型""销售权益"是体育市场中三个十分重要的市场概念。其中,销售渠道,是指将体育产品从生产地点送达到消费者居住地之间的各个环节,包括体育场馆、体育产品营销店、城市中体育的俱乐部、票务销售系统、电视转播网络和媒体宣传渠道等与产品流通有关的机构和组织。

根据产品的需要,销售渠道可以按照不同的方法分类,如直接销售和间接销售,长期销售渠道和短期销售渠道，提供产品的销售和提供服务的销售。但是，不管什么渠道，方便消费者和接近消费者是其最重要的原则。而销售地点和销售方式的选择，主要目的就是为了更适合消费者的消费习惯和消费倾向。

随着经济的发展和社会的进步，销售渠道发生很大的变化，主要是减少了原来传统的市场销售体系的中间环节，进而降低了商品流通过程中所发生的费用。于是在产品销售中出现了单一品牌的专卖店和特大型的综合商场，出现了邮购和电视直销，同时出现了网络销售等新的销售形式。

3. 销售地点

选择销售地点应该考虑地理位置、所在地区的现代化程度、生产力发展水平和人均收入水、当地的人口数量和气候状况以及销售地点的风俗习惯和文化传统等。

### （二）体育用品的品牌营销

建立品牌是为了将自己的产品在市场中与其他产品区分开来。就本质来说，品牌代表了销售者对交付给购买者的产品的特征、利益和服务的一贯承诺。如今的体育市场营销者特别强调品牌的个性，注重消费者对于品牌的忠诚度。品牌忠诚度来源于市场环境下品牌贡献给产品的价值与它所固有的使用价值之间的差额。差额越大，消费者就越能对品牌感到满意，从而成为品牌的忠实消费者。体育营销者通过控制产品属性或特征、产品性能或质量、价格、品牌名称、消费者服务、包装、广告、促销和分销来不断强化品牌形象，以维护消费者的认可程度。

### （三）体育用品的创新营销

体育营销是针对消费者的需要，主动提供新的产品，创造新的需求。体育用品的创新包括体育用品的新发明（如第一个直排轮旱冰鞋）、产品链的延伸（如滑雪太阳镜）和现有产品的改进（如碳质网球拍代替木质网球拍）。任何一个新产品都会经历导入、成长、成熟和衰退四个阶段，称产品的生命周期。针对新产品不同的生命阶段，营销者往往会采取不同的营销策略。

1. 导入阶段营销

在导入阶段，体育营销的目的是在愿意尝试新产品的消费者中间产生知名度和刺激体验，其定价策略往往视营销战略而定：如果是要获得广泛的市场份额，则设定一个相对低廉的价格，以期尽快获得市场的接受；如果要以较高的质量占领某个特定的消费市场，则定价可以相对较高。在导入阶段需要大量的促销活动来鼓励消费者尝试新产品，分销商也应该选择有良好形象、知名度较高的企业。

2. 成长阶段营销

成长阶段是产品生命周期的重点，此时的营销目的是要获得消费者的忠诚度并继续扩展生产链。这个阶段是品牌效应大显身手的时候，促销务必要强调品牌的优势，并能提供给消费者更多的让渡价值。此外，要建立起与分销商的广泛联系，以保证产品容易被得到。有时体育营销者需要降价以保持竞争优势或者人为地维持高价来提高被人认知的质量。

3. 成熟阶段营销

在成熟阶段，新产品已经不再是新产品，面对越来越多的市场竞争，营销者需要发挥任何一种优势并进行更多的促销来鼓励消费者再次购买。

4. 衰退阶段营销

在衰退阶段，最明智的选择是逐渐退出该体育用品市场，或者开始瞄准新的目标市场重新定位该体育用品，也可以在此基础上创新体育用品，进入新一轮的产品生命周期。

### （四）体育用品的产品关联营销

1. 纵向关联营销

纵向关联，是指体育用品的产品链，亦称产品线。在某项体育活动中，人们需要的往往不止是一种体育用品，换句话说，这些用品密切相关，满足的是同一类需要，它们被一起销售和使用。例如，篮球、篮球衫、篮球鞋、护腕、护踝、发带就是纵向关联的产品。体育用品商通常会将处于某一产品链中的体育用品"捆绑"在一起以相对实惠的价格来销售，或利用其中某个产品的市场影响力来推销与其相关的其他产品。

2. 横向关联营销

横向关联，是指丰富体育产品的品种。在某一类产品中，经营者会在材质、样式、颜色、尺寸上大做文章，以尽量满足不同消费群体的需求。在定价上，营销者会在该类产品中确定一种高价产品和一种低价产品，由于高价产品一般不会是首选，而低价产品往往代表质量较差，因此，消费者很容易将注意力集中到该类用品中间价位的商品上。

## 四、体育市场营销战略

### （一）体育市场营销战略的内容

体育市场营销战略制定的过程包括：分析市场营销环境、明确企业发展任务、确定企业的市场营销目标、进行市场细分、选择目标市场、制定市场营销组合、管理与控制。

1. 分析市场营销环境

制定体育市场营销战略的前提，是必须保持企业的营销活动与总体环境之间的相互适应，这是企业营销的基础。人口因素、经济因素、政治因素、科技因素、市场需求的变化、竞争对手的情况、企业内部的状况等这些都会对体育经营组织产生巨大的影响，因此，必须对这些因素进行分析，以更好地进行市场营销活动。

2. 明确企业发展任务

一个企业的存在必须与总体环境中的某一部分相适应，随着环境的改变，企业的任务也会发生相应的变化。因此，体育经营组织必须在一定的环境中明确本企业的经营范围是什么？消费者又是哪些人？消费者最需要什么？本企业将来要发展的业务是什么？未来企业会发展成什么样？这些问题表面看起来非常简单，但是要做出正确而恰当的回答却很困难。一个成功的企业总是在不断地提出这些问题，认真地回答这些问题。除此之外，体育经营组织在制定企业任务时，还应该要考虑市场的发展方向、企业在环境中所处的地位、企业面临的机遇和威胁、企业的现有资源及能力等因素。

3. 确定企业的市场营销目标

当体育经营组织的管理层认清了自身所处的环境，进行了环境分析，并明确了企业任务之后，就可以设立特定的市场营销目标了。实际上，市场营销目标对整个公司来说是个指路图。它是企业任务的具体化，它将企业的任务转为一套完整的目标体系。在制定营销目标时企业应该着重考虑消费者及其需求是什么？企业如何才能有效地满足消费者的需求？企业的资源、能力与优势是什么？企业所要收获的是什么？

4. 进行市场细分与选择目标市场

市场细分的目的在于发现市场机会，从一系列细分市场中选择最适合的目标市场，目的是尽可能地扩大销售，增加利润。

5. 制定市场营销组合

市场营销组合，是指企业在选定的目标市场上，对可控制的因素（变量）加以最佳组合运用，以完成企业的目标和任务。市场营销组合是现代营销中的主要概念之一，它是指企业可控制的一组营销变量，企业可以综合运用这个变量以满足消费者需求，实现其营销目标。科特勒和安德森把营销整合描述为"特定组织提供给消费者的所有产品的总和"。当目标市场确定之后，体育组织为了实施营销策略，就要确定市场营销组合方案，尽可能地运用各种营销策略，有效地将它们组合成一个协调一致的整体方案，灵活地使用，以达到更好的预期经营目标。

市场营销组合中所包含的可控制的变量有很多，其中有四个基本因素：产品、价格、地点和促销，这四个基本因素对市营销理论和实践产生了深刻的影响，被奉为市场营销理论中的经典，也是市场营销的基本方法。大多数市场营销计划书都是以这四个因素为基础拟订的，并且几乎每位市场营经理在策划营销活动时，都自觉或不自觉地从这四个因素出发来考虑问题。

6. 管理与控制

这是整个市场营销管理中极其重要的环节，体育经营组织制定市场营销计划不仅仅是纸上谈兵，而是为了指导体育营销活动，实现企业的战略任务与目标。因此，对营销计划的实施必须进行管理和监控，在执行的过程中给予反馈、修正和检验，使体育经营组织的营销战略更加完善。

### （二）营销战略的意义

企业的营销战略是企业营销活动的生命线，它关系到企业营销的兴衰成败。一个没有战略思想的营销计划就等于没有灵魂。体育市场营销战略在体育市场营销中有着重要的意义。

一是通过营销战略的制定，可以协调体育经营组织内部的各种活动，使企业的资源配置、生产、销售等过程得到统筹管理，提高企业内部管理的效率，使企业的人、财、物等资源可以得到更加充分、合理的运用。

二是通过营销战略的制定，推进体育经营组织主动地、详细地预见和分析环境的变化，正确确定企业的市场营销目标，并为达到目标，选择最恰当、最有利的途径。

三是通过营销战略的制定，使体育经营组织可以明确未来行动的方向，尽可能减轻环境变化给企业带来的消极影响，避免企业市场营销活动的盲目性和波动性。

四是通过营销战略的制定，促进体育经营组织改进管理机制，加强企业各部门、各层次之间的联系，提高企业自身的素质，把企业内部可能出现的冲突与矛盾降到最低。

总而言之，体育经营组织的市场营销战略关系到企业的兴衰成败。企业处于动态变化的环境中，必须常常要进行战略政策调整，要善于发现问题和机会，强化企业在市场上的竞争力和应变能力。

## 五、体育市场营销策划

营销策划是营销活动的核心，是对营销活动的每一个环节进行全新的构思与创新。体育市场营销需要预先做好一整套规划，并将它作为行动的准绳以及评价的依据，它必须要与企业的整体经营策略配合才能更好地开拓市场。

### （一）概念

市场营销策划就是一个社团的比赛计划，它会像所有体育比赛的组织者一样承担所有的准备、计划、协调和执行工作。体育市场营销活动是由一系列有组织的人员来进行的。它的成功离不开有效的市场营销策划，它是在对经营组织的营销环境充分认识之后制订出来的，在深入研究体育市场特征的基础上，配合体育经营单位的总体目标、企业的资源条件等加以拟订的。它既是指导整个企业营销活动的依据，也是解决营销过程中某些问题的创意思维。

## （二）组织结构

很多体育经营组织都会设置专门的营销策划部门。不管是中小企业，还是大型的企业，营销策划部的重要性就如同人的大脑一般。有了它，企业就可以根据自己的企业目标自行设计各种营销策略。

进行市场营销策划有几种方法，依据体育经营组织的规模和职员的能力，所采取的方法也会有所不同。在规模大、利润率较高的体育组织，制订计划的责任通常由公司首席执行官、副总、营销部门经理和财务经理共同承担；而在规模小、利润低的企业，营销计划通常是由首席执行官和营销经理制订。有时候，一些小型体育组织可能会由于人力资源的限制而雇用公司以外的专业策划公司，而且，有很多体育经营组织，尤其是一些规模比较大公司，有时也会将企业策划的一部分交给专业策划公司来做。美国奥林匹克组织的许多全国性理事会正是用这些方法获得了不同程度的成功。

## （三）体育营销策划人员的素质

要做好体育市场营销策划人员，除了要具备创造性思维能力外，还必须要具备以下的基本素质。

### 1. 要具有比较实用的知识结构

作为策划人员，要具备体育方面的专业知识、经济学的知识、统计学的知识、心理学的知识以及一定的法律常识。

### 2. 要善于接受各方面的意见

策划人员除了要有精益求精的精神，还必须要有能够接受不同意见的态度，不管是批评也好，赞美也好，这些评价都可以提高策划的质量。此外，尽管策划是一个非常有创意的工作，但是，它仍然不可避免地要受到其他因素的影响。作为一个策划人员，必须要有善于吸收的能力，要善于吸收外来的有利的资源，来充实自己，拓宽自己的思路。

### 3. 要有敏锐的观察力

策划人员要能够很快地从众多的资料中，甚至别人不会在意的资料中发现可以利用的材料；还有就是当面临问题时，策划人员可以凭借敏锐的观察力，迅速发现问题的症结所在，并尽快地找到解决问题的方法。

### 4. 要有良好的公关能力

策划人员是使问题得到解决的人，许多策划人员在工作中往往会利用现有的社会关系，因此，优秀的策划人员必须善于调动社会资源，有良好的社会关系，并具备处理各种人际关系的能力。此外，他们还必须具备良好的语言表达能力和书面表达能力，能够熟练地运用如统计数字、图像图表等来增强自己的说服力，使客户或主管乐于接受自己的营销策划。

## （四）体育市场营销策划的步骤

不同的体育经营组织在进行营销策划时的详略程度不同，大多数的体育市场营销策划过程通常都包括七个步骤。

### 1. 准备

许多进行体育营销策划的人在策划之前通常会碰到一些问题，如企业到底经营的是什么？消费者是什么人？他们为什么会购买公司的产品以及企业的经营特色是什么？等等问题。因此，在准备工作中要提供与体育经营组织的营销状况有关的背景材料，主要包括体育经营组织的经营内容、产品和服务的情况、企业的经营特色、市场的情况、竞争状况、分销情况等。例如，在市场分析报告中，应该详细说明市场的规模，过去几年的市场状况，消费者需求和购买行为方面的趋势等；在产品及服务情况中，应该说明近年来各主要产品的销量、价格、获利水平等；在分析竞争状况时，要对企业的主要竞争对手的情况有所了解，每个竞争对手在产品品质、特色、定价、促销、分销等方面都采取了哪些策略，这些方面的市场占有率及变化趋势等；在分销情况分析中，要说明各主要经销商近年来在销售额、经营能力和市场地位方面的变化等。

首先，要对体育经营组织所处的外部环境进行分析，找出在营销环境中对体育经营组织有利的因素以及不利的因素，并对这些因素进行分析，以便使其中比较重要的因素得到更多的关注。通常外部环境的因素是不可控制的，对不利的因素也应尽可能地采取预防和避免的措施。

其次，在营销策划之前，还要对体育经营组织内部经营的优势和劣势进行分析，对企业在市场竞争中的长处和短处有个全面的了解。这样，在营销策划时，就可以充分利用有利的因素，对不利的部分可以进行改进或克服。由于企业内部的情况各不相同，因此在进行分析时，所包含的项目也会有所不同。

### 2. 确定主题

（1）策划主题的标准

通常体育经营组织确定的策划主题有以下几种：

第一，由上级直接下达的主题。

第二，由部门会议、公司的策划会讨论决定的主题。

第三，由策划人员凭借自己的判断思考选出的策划主题。

不同的体育经营组织可以有不同的选择标准，各组织可以根据自己的实际情况以及自身的营销目标来建立自己的标准。如果没有选择的标准，就会导致策划的盲目性，使策划主题的选择被某些部门或某些人所左右，从而造成人力、物力、财力的巨大浪费。

（2）明确策划主题

经过以上程序筛选了策划主题之后，还必须使策划主题明确化。

我们可以看到策划的主题越来越清晰、具体，即营销策划的主题逐渐明确化了。策划的主题越明确，下一步的策划工作就越有针对性，策划的效果也就越显著。

（3）设定目标

目标是营销策划的核心部分，它会影响整个营销策略和行动方案的拟订。营销策划目标分为两类：财务目标和市场营销目标。财务目标主要是由短期的利润指标和长期的投资收益目标组成的。财务目标的实现往往是通过市场营销目标来实现的，如销售额、产品的市场占有率、产品分销网的覆盖面、产品价格等。在设定目标时，要注意尽量将其数字化，以定量的形式来进行表述。市场营销目标就是产品面对的目标人群。

3. 搜集并利用资料

要拟订一个理想的营销策划方案，就必须要尽量多地去搜集资料和信息，要进行广泛而深入的市场调查，以把握策划对象，防止营销策划脱离实际情况。进行体育市场调查时要注意以下"四多"。

多看。体育市场策划人员要对现场进行仔细观察，要尽可能到生产现场、流通现场、服务现场等处进行了解；要了解体育产品的实际销售情况。

多问。体育营销策划人员在观察和了解的过程中，通过思考，从而提出疑问，并将自己的意见和想法提出来征求意见。

多查。采取一些比较有效的方法来进行体育市场调查，得到关于体育产品的市场销售情况、体育产品目标市场等的详细资料，而且，对过去的营销案例、经验、教训、竞争对手的一些做法要有一个比较全面的了解。

多听。要尽量多接触体育产品的营销策划者，体育产品的生产供应商，营销渠道的批发商、零售商，营销部门的负责人、营业员，体育服务人员等，了解他们的想法、期望，包括他们的不满、抱怨，耐心倾听他们的意见。

4. 灵感和创意

在策划主题设定好之后，就要开始考虑具体的策划案了，这实际上是一个形成创意的过程。创意通常是由灵感产生的，创意产生的过程就是信息的收集、整理、组合的过程，可以分为产生灵感的线索启示、产生灵感、创意构思产生三个阶段。其中每个阶段信息收集、整形、组合方法的优劣都会直接影响创意甚至策划的优劣。

5. 写策划书

营销策划书是为了实施某一营销策划而提供的书面材料，这个部分往往是整个策划中非常重要的一部分。营销策划书90%不是为自己写的，因为它是一种说服性的材料，最终是要说服看策划书的人，向接受方阐述自己对某个营销问题的意见和创意。因此，理想的策划书必须要有一个特点——容易看懂。营销策划书主要包含的内容有：封面、目录、前沿、策划摘要、策划的背景和动机、策划目标、体育经营组织营销环境分析、方案说明、使用资源、预期效益、风险评估，实施的日程计划等十几个方面。

6. 推销

营销策划并不只是制作策划书那么简单，更重要的是要将策划书中策划的内容推销出去，最终付诸实施。许多体育经营单位的策划人员煞费苦心好不容易才做成的策划书，由于提出策划案的方法不当，结果在评审和决策时没有被采纳，故而之前所做的一切工作就会前功尽弃，因此，策划人员在提出策划案之前，要做好充分的准备，以提高策划案通过的可能性。

还有一点很重要，那就是在推销提案时要突出策划案中的卖点。许多体育经营组织的策划人员经常会发牢骚，认为公司的经理连策划书都不看，只问到底能赚多少钱。其实，对经营者来说，他必然会考虑到这个问题，如果策划的提案不能使公司赚钱，那么，策划就将毫无意义。可能由于不同的企业，不同的经营理念，不同的发展战略，每一个策划提案的侧重点将会各不相同，但是策划书中的卖点对决策者来说必须是有一定分量的具体事物。很多企业的高层管理者们关心的并不是策划的过程或理论，而是策划能为企业带来的经济利益。因此，策划人员应该尽量能了解决策者的兴趣以及决策者的期望，以使自己策划书中的卖点尽可能接近决策者的兴趣。

7. 实施

策划案获得通过后，就进入了策划的实施阶段，策划的实施要以策划案的实施计划为指导。一般来说，规模比较大的体育经营组织，策划部与实施部往往是两个不同的单位，因此在策划实施时，策划部必须与实施部保持及时的沟通，要将策划的目的、内容与要点准确地传达给实施部，必须要让实施者充分理解策划的真正意图。在实施期间，要加强考核，对策划案的执行过程进行中间考核，并对结果进行评价，这直接关系到策划案能否取得满意的结果。

# 第三节　大型赛事的市场营销

## 一、体育赛事营销

体育赛事作为产品的市场营销活动，其核心工作是通过对体育赛事的策划、包装和市场经营，以提升赛事的商业价值，进而使赛事的组织者、经营者和赞助商共同获取利润。

### （一）传统体育赛事营销

体育赛事营销，是指体育赛事的组织者和经营者通过一系列经济活动和商业行为，将体育赛事本身作为产品和服务进行相应的商业包装、设计和策划，以提升赛事本身的观赏价值和市场价值，进而推进市场进行市场化运作过程。其目的是获取相应的社会影响和经济回报。营销体育赛事本身是"体育赛事"这一产品拥有者最重要的营销活动。

### （二）现代赛事营销的概念

企业通过赞助、冠名体育赛事等策略，借助所赞助的体育赛事可以树立企业及其产品在公众中的品牌形象。赛事营销不同于传统营销及媒体广告等市场途径，是一种极具亲和力的市场营销策略。将体育赛事与商业企业的品牌推广紧密结合在一起属于软性推销，其最大特点是将功利性潜藏在公益性之下，容易获得社会和市场的认同，从而达到品牌推广和市场营销的目的。

### （三）营销城市

这是当今赛事营销最具抽象概念、最具社会价值和最具开发潜力的营销技术。赛事营销促进城市发展，已经得到普遍认可，并受到了政府和社会的高度关注。体育赛事营销最重要的策略就是充分利用和挖掘体育赛事的品牌资源，并通过市场机制能够实现资源的优化配置，实现社会和经济效益的最大化。

## 二、大型赛事的市场营销阶段

大型赛事的市场营销也要历经产品设计、选择目标市场以及赛事推广三个阶段。

### （一）产品设计

首先是赛事的产品设计，产品是否有吸引力，将是决定赛事营销能否顺利的关键一环。赛事组织者会依据以往的惯例，或借鉴其他赛事的经验推出一系列赛事产品，包括赛事的总冠名权、单项比赛的冠名权、体育场馆冠名权、专用产品冠名权、指定产品冠名权，赛事名称、会徽、吉祥物指定、体育器材和其他产品的专用使用权等商业性使用权，电视广播报道权等赛事无形产品；还包括门票、比赛场地范围内的商品专卖等有形产品。

## （二）选择目标市场

目标市场的选择，即根据产品设计找出每一种产品背后的潜在顾客，并依据顾客的喜好和需求修改产品、调整营销方案，这一阶段需要赛事营销人员更多的智慧和创新。因为，在与潜在顾客接触的过程中，设计好的赛事产品可能并不能激发消费者的消费欲望，或者在销售方式、价格上差强人意，这就要求及时调整原有的方案，以适应潜在客户的需要，力争使每一类赛事产品都能成为吸引客户的卖点。以奥运会为例，其财政收入主要从以下几个方面获得：赞助商、电视转播权、专用标志出售、发放纪念币、邮票和门票收入，其中门票、广告和赞助、电视转播费是大型赛事创收的"三驾马车"。

1. 门票收入

门票收入是体育比赛最初的直接经济来源。门票收入一般占赛事收入的45%~50%，因此，赛事的营销者们都会绞尽脑汁将门票推销出去。

2. 广告和赞助

吸引更多的广告和赞助，这是每项赛事组织者的一件头等大事。世界上最昂贵的体育广告恐怕要数F1方程式汽车赛了，据报道，F1仅一站赛事的广告收费就是NBA和国际足联相关比赛广告收费的5~8倍，并且其商业赞助的数额也在逐年递增。2002年10月，一级方程式管理协会和上海国际赛车场有限公司签订了为期2年的合同，决定从2004—2010年在上海举办F1大赛。这是F1在全球寻找合作与支持，积极拓宽新兴市场的结果，此举无疑将吸引更多对中国和亚洲庞大的消费市场垂涎的企业和公司加入F1的广告和赞助的行列中来。

3. 电视传播

传统体育市场营销者的焦点都放在现场观看比赛的观众身上，现在由于传播媒体的介入以及其强大的影响力，这个焦点正转变为去取悦那些由媒体转播给遥远地区的观众。从赛事的市场营销角度考虑这是成功的，因为，满足媒体的需要不仅可以带来丰厚的利益，而且可以扩大赛事的消费人群。媒体同样也是体育市场的消费者之一。

## （三）赛事推广

现代体育组织将自己定位为娱乐的提供者。面临来自其他娱乐形式的竞争威胁，他们必须使赛事具有足够的吸引力，并采用积极的方式来促销赛事。例如，美国的NBA全明星赛，过去只是简单的一场西部优秀选手与东部优秀选手之间的比赛，现在已经变成了一场娱乐性的铺张华丽的表演。此外，NBA在赛事推广上的经验也是很值得借鉴的。

# 第六章　体育产业的信息化发展研究

## 第一节　体育产业发展受信息化发展的影响

在科学技术和信息化快速发展的今天，可以说信息化对任何行业的发展都产生了非常重要的影响，对于体育产业也不例外。信息化推动体育产业的发展是具有一定的科学机制的。研究信息化推动机制理论才能更加深入地了解体育产业信息化的内涵，进而更好地促进其发展。

### 一、信息化与体育产业信息化的概念

#### （一）信息化

"信息化"的思想是 1963 年 1 月日本社会学家梅棹忠夫在其发表的《论信息产业》一文中首先提出的。他在研究信息产业发展原因的同时提出了信息化的问题。他预言，今后的人类社会是一个以信息产业为主题的信息化社会。

在我国，国务院主持召开了第一次全国信息化工作会议，明确了"信息化"的概念。信息化，是指在国际统一的规划和组织下，在农业、工业、科学技术、国防及社会生活各个方面应用现代信息技术，深入开发，广泛运用信息资源，加速实现国家现代化的进程。

#### （二）体育产业信息化

目前，在体育界并没有一个统一的、权威的关于"体育产业信息化"的概念，根据以上对"信息化"概念的理解，我们可以将"体育产业信息化"定义为：体育产业信息化是指在体育产业、体育科技、体育管理、竞赛组织、运动训练、全民健身等体育领域的各个方面，在国家统一规划和组织下，加速实现体育现代化，广泛利用信息资源，深入开发的一个科学化进程。

## 二、信息化推动体育产业发展的机制

### （一）带动作用

大量的调查与研究表明，现代信息技术的使用对体育产业的作用与影响是巨大的，能极大地带动体育产业的发展。总体而言，这种带动作用主要是通过以下四个方面来实现的：

第一，在现代科学技术快速发展的背景下，先进的信息化技术在电子政务方面的应用，直接推动了体育管理部门由管理型向服务型方向转变。这一变革对体育产业的发展具有深远的影响和意义。

第二，现代科学信息技术的应用能有效地改变传统体育的工作方式，提高工作效率。

第三，现代科学信息技术的应用能有效地改善体育制造业的装备基础，通过对传统设备的改造，不仅能制造出新的数字化体育健身产品，而且还能大大提高生产效率。

第四，现代科学信息网络技术的应用能为体育产业的发展创造一个良好的环境。如目前国内的CBA、中国足球超级联赛等通过网络直播，不仅方便了广大球迷不受空间限制观看比赛，而且扩大了赛事在全球范围内的影响力，这对于我国体育产业的发展非常有利的。

### （二）增值作用

现代信息技术的普及与发展极大地推动了体育产业的发展，对体育产业而言起到了重要的增值效果。所谓的增值，是指在体育产业发展中，提高产品与劳务的附加值，扩大供给，增加财富。与传统的生产要素不同的是，信息化社会中的信息要素，其边际收益率会不断递增，能更快地推动体育产业经济的增长与发展。在现代网络经济快速发展的时代，通常情况下产品或服务的网络价值甚至比自身更重要，网络系统的层次越高，其价值就越大。在现代网络经济中，对信息的连续追加投资，不仅可以在一定程度上获得不菲的增值报酬，还可以获得一定的投资报酬。目前，现代网络信息技术的应用已越来越频繁，现代社会也已经进入一个高度发展的信息社会。因此，在体育产业发展的过程中，为了获得增值与提高产业价值，体育产业经营管理者一定要充分认识到现代信息网络的优势，认识到网络信息的重要性，将现代网络信息技术充分运用到体育产业管理之中。

## 三、体育产业信息化对体育产业发展的影响

### （一）信息技术的发展保证了竞技体育比赛的公正性

在科学技术还不发达的时代或者一些特殊的竞技体育比赛项目，用人的器官或简单的仪器来测量，其结果是非常不准确的，这就难以保证竞技体育比赛的公平和公正。而随着

时代的发展与现代科学技术的应用，使得测量仪器和设备变得非常先进，能准确地记录裁判给出的运动员比赛成绩，有效地保证了竞技体育比赛的公正性和公平性。

### （二）帮助运动员提高竞技体育比赛的成绩

在竞技体育领域，信息科学技术的应用能为运动员提供了准确、客观、真实的数据，可以帮助运动员提高自身的运动水平和比赛成绩。在信息技术运用的过程中，对运动员运动技术的分析是基于计算机多媒体技术基础之上的。首先，要进行运动员各种运动技术细节的捕捉，通常在某些环节上设置相应的传感器，通过传感器将捕捉到的信息传给计算机系统；其次，计算机系统处理捕捉到的原始点位，计算传感器的运动轨迹，从而建立起研究对象的三维模型。这种科学的处理技术的途径能使体育训练从纯粹依靠经验走向科学化，促进运动员技术水平的快速提高。

### （三）保证了大型体育竞技比赛的全球转播

随着现代网络信息技术的广泛应用，处在世界各地的人们都能通过网络同步观看各种各样的体育赛事，这种不受时空限制的体育比赛转播，充分满足了人们对体育运动比赛观赏的需要，刺激了人们对体育产品的消费，因而对体育产业的发展具有重要的推动作用。

### （四）体育产业信息化对体育产业发展的作用机制

在信息技术快速发展的今天，体育产业信息化是一个不可逆转的发展趋势，体育产业信息化对体育产业发展的作用与影响将会越来越大。现代信息技术越发展，信息技术的含量就越高，将这些先进的信息技术应用到体育产业中，能够极大地推动体育产业的发展；而体育产业的发展，又能在一定程度上推动国民经济的发展。

### （五）有利于大型体育赛事的组织与管理

要想确保大型体育赛事的顺利进行，就必须组建一个可靠的赛事组委会对体育赛事进行有效的组织与管理。在举办大型体育赛事时，受各种因素的影响和制约，赛事组织者管理水平的优劣将直接关系到赛事举办是否成功，如果管理得好，效益就好，反之效益就差。如在体育赛事举办期间，竞赛日程的发布、竞赛门票的售出、竞赛结果信息的发布等都可以通过网络信息技术的运用来为人们提供及时的信息。而借助于互联网和网上银行电子手段，不仅方便了主办者，免去了劳动力支出，也为参赛者和观赛者提供了极大的便利，可谓是一举多得。可以说，现代网络信息技术已广泛应用到各种体育赛事之中，如2016年巴西里约热内卢奥运会期间，通过互联网查阅竞赛信息达百亿人次，高峰时网络点击频率达几百万次每分钟。此外，凡遇重大赛事时，住宿预订、交通路线、天气预报等信息，人们都能通过网络来获得。总之，各种网络信息技术的应用极大地方便了赛事组织者与参与者，便于实现体育赛事的组织与管理。

## （六）体育产业信息化促进了全民健身运动的发展

随着我国市场经济的不断发展，我国国民经济水平近些年来得到了很大程度的提高，居民收入不断增加，生活水平得到逐步改善，这为人们生活方式的转变提供了可能。目前，在全民健身运动理念日益深入的今天，健康已成为人们的一种需要和追求。在休闲时间，人们都倾向于参加各种各样的体育活动来丰富自己的业余生活，在增强身体健康的同时还能陶冶情操。体育发展到今天，人们已不再仅仅局限于简单的体育运动，而是对信息技术含量更高的体育运动产品有了强烈的欲望，这对于整个体育产业部门的发展而言都是非常有利的。

对于体育产业部门而言，体育产品的研发、流通和消费是其核心，体育产业的发展要求所生产的体育产品必须能满足消费者的体育需求。在全民健身运动的推动下，我国体育产品业也迎来了发展的春天，各种生产体育运动产品的厂家大量出现，各种体育产品也大量涌现出来。其中，在生产和消费领域，信息化都起到了重要的核心作用。具体表现在以下两个方面：

第一，生产体育产品的企业或厂家可以通过各种网络信息渠道了解体育消费者的需求，而对于消费者来说，也可以通过现代媒体来了解和掌握体育产品的性能等，以选择适合自己的体育产品。

第二，在现代科学技术快速发展的今天，信息技术的应用能有效地推动体育产品的创新与发展。目前，人们倾向于选择各种有氧运动产品，如跑步机、动感单车等，这些运动产品的使用能帮助人们更好地提高身体健康水平。对于运动员而言，他们参加运动训练，对自己的身体状况、运动负荷量等都需要有一个及时清晰的了解，现代信息技术的应用就能帮助运动员完美地解决这一问题。在新的时代背景下，在全民健身运动发展的今天，形成一个消费刺激生产、生产刺激消费的良性循环，对于体育产业的发展是非常有利的。

## 第二节　体育产业信息网站的运营模式

运营模式是对企业运营管理过程的总体描述，是为实现企业运营目的而对人、财、物等核心资源运用方式的有机结合。我国现有的体育产业信息网站通过近年来的不断发展，已不断完善和健全，本节主要分析一下我国一些企业化运营的网站、行政单位与企业合作运营网站的运营模式。

## 一、体育产业信息网站分类

关于我国体育产业信息网站的分类,目前并没有一个统一的划分标准,其运营模式主要是企业运营、行政单位与企业合作运营。一般来说,以网站功能为主要根据来划分,可以将我国体育产业信息网站分为以下几种类型:

### (一)包含体育产业信息的综合性网站

包含体育产业信息的综合性网站,主要功能是发布各种体育产业信息和资讯,内容涉及到各行各业。下面就简单介绍几种这类网站的运营情况。

1. 中国产业经济信息网

中国产业经济信息网由中国报协主管,始建于1997年,是中国最大的行业信息发布网站之一。总体上来看,该网站所拥有的中国产经数据库容纳了中国54家国家级行业媒体的信息数据200多万条,同时包括每日1500条左右的数据更新量,其内容涵盖国民经济的各个部门、各个层面。

2. 中国经济信息网

中国经济信息网,简称"中经网",由国家信息中心组建,始建于1996年,是一个以提供经济信息为主要业务的网站,可以说是描述和研究中国经济最为权威的网站。

### (二)体育行政部门官方网站

体育行政部门官方网站是电子政务的载体之一,主要是发布体育行政部门制定的相关政策、官方消息和新闻资讯等,其内容主要包括国家体育总局官方网站、各项目管理中心官方网站和各地体育局(部门)官方网站等。

1. 国家体育总局官方网站

国家体育总局官方网站由国家体育总局信息中心承办,实现政务公开、公共服务、在线办事以及与公众互动交流。该网站专门开设了"体育产业"这一栏目,主要内容包括产业信息、产业理论、产业统计、场馆运营、健身场馆等方面。

2. 国家体育总局篮球运动管理中心

国家体育总局篮球运动管理中心,直属于国家体育总局,主要设置国家队保障部、运动队管理部、青少年管理部、综合部、竞赛管理部和社会发展部。其目的是指导篮球运动,促进篮球事业发展,组建国家队去参加各种国际比赛,以及各级运动队建设、后备人才培养、项目注册管理、竞赛计划规程制定、裁判员队伍管理、竞赛管理与组织、教练员等级培训、反兴奋剂管理、相关科研、社会篮球开展、篮球商务开发等。

3.北京市体育局官方网站

北京市体育局官方网站由北京市体育局信息中心运行管理，主要负责发布各种政务信息、新闻资讯等内容，并提供各种网上办事服务，开设体育业务专栏，专门发布各种体育产业相关信息。

## （三）体育协会官方网站

体育协会官方网站由中华全国体育总会官方网站、各地体育总会官方网站、各单项体育协会官方网站、各行业系统协会官方网站等组成，其主要目的是发布重要的体育资讯和相关公告等内容，并对各种赛事的数据进行统计。

1.中华全国体育总会官方网站

中华全国体育总会官方网站由华奥星空（北京）信息技术有限公司提供制作及技术支持，主要发布协会公告、新闻资讯、政策法规等信息，专门开设了"体育产业"这一栏目，发布体育产业相关信息。

2.中国田径协会官方网站

中国田径协会官方网站由华奥星空（北京）信息技术有限公司提供技术支持和运营管理，主要任务是发布竞赛、训练、田径运动、马拉松等相关赛事信息和公告。其中，还专门开设田径产业栏目，提供行业动态、企业动态等内容。

## （四）体育赛事官方网站

体育赛事官方网站包括综合性运动会、单项赛事等体育赛事的官方网站，主要发布体育赛事相关信息，是体育赛事宣传推广工作的重要载体，主要用来公布官方通知、公告等，部分网站也支持在线报名，在线购买门票、体育赛事衍生品等产品。

## （五）门户网站体育频道

门户网站包含综合性的互联网信息资源，我国目前的大型门户网站均开设了体育频道，网站体育频道的主要内容为体育相关的新闻资讯及体育赛事直播。

1.腾讯体育

腾讯体育是2013—2020年中国奥委会唯一的互联网服务合作伙伴，主要提供体育相关的各类新闻资讯和体育赛事直播，涉及NBA、CBA、中超、英超、西甲、德甲等多项体育赛事，是NBA中国数字媒体独家官方合作伙伴，创建了CBA数据库。腾讯体育可以说是中国人气最旺的门户体育频道之一。

2.新浪体育

新浪体育主要提供体育相关各类新闻资讯和体育赛事直播，涉及到欧冠、英超、西甲、意甲、中超、亚冠、NBA、CBA等多项体育赛事。

3. 网易体育

网易体育主要提供各种体育赛事信息和体育转播，内容涉及国际足球、中国足球、综合运动等。

4. 搜狐体育

搜狐体育主要提供各种体育信息和赛事转播，内容涉及国内、国际各种赛事。

### （六）体育产业信息垂直网站

体育产业信息垂直网站，主要是提供与体育产业相关的深度信息和服务。一般情况下，这些网站提供的信息具有很强的增值性，重点功能为资源对接和商务合作。目前，我国的体育产业信息垂直网站还不是很健全，仍需要在今后加强网站建设。

1. 中国体育资讯网

中国体育资讯网是国家体育总局体育信息中心建立的专业性体育信息传播网站，主要面向群体，为运动训练与竞赛部门、体育科研与教学单位、体育中介机构、新闻媒体、体育经营企业实行会员制。其提供的信息内容主要包括：大众体育数据库、体育成绩数据库、体育管理数据库、运动训练数据库、体育产业数据库、中国体育法规数据库等大型数据库；竞技体育信息、中外群众体育信息、体育产业信息、奥运信息、体育用品信息、水上项目信息、运动员保障动态、体操等信息的发布；专题报告和科研论文。

2. 华奥星空网

华奥星空网由北京华奥星空科技发展有限公司建设和运营，网站主要提供竞技体育、体育产业、群众体育等新闻资讯，还提供了各种体育旅游业务，包括体育赛事门票和体育赛事旅行等内容。

3. 中国体育产业信息网

中国体育产业信息网由宏育（北京）科技发展有限公司建设和运营。中国体育产业信息网主要面向企业客户，实行会员制，整合资源，促成交易达成，是一个体育产业资源的交互平台。网站主要提供体育新闻资讯和各种信息增值服务。

4. 虎扑体育网

虎扑体育网以篮球论坛起家，网站主要提供篮球、足球、网球等各项目的信息。虎扑创建了中国最大的体育类垂直社区——虎扑体育社区，深受体育爱好者的喜爱。

## 二、体育产业信息网站特征

在我国体育产业信息网站发展的过程中，其得到了国家体育总局、社会各企业的大力支持，这为体育产业信息网站的建设和运营奠定了良好的基础。目前，我国体育产业信息网站的建设与运营状况良好，已取得了初步的成效，但整体上来看仍然处于初级发展阶段，还需要进一步发展。当前我国体育产业信息网站呈现出以下几个特征：

### （一）整体处于初级发展阶段

总体上来看，我国体育产业信息网站已初具规模，进入了一个良性发展的阶段，但仍然处于初级发展阶段，其发展势头是良好的，具有极大的发展潜力。具体来看，我国体育产业信息网站在网站定位、网站内容、网站管理方面普遍存在着一些问题，整体上缺乏核心竞争力，传播方式比较单调，各类体育产业信息网站主要充当信息库的角色。除此之外，目前我国体育产业信息垂直网站数量还不多，其服务水平也需要进一步强化和改善。

### （二）门户网站体育频道发展迅速

近年来，随着我国竞技体育以及全民健身运动的不断发展，我国各门户网站的体育频道也开始迅速发展起来，目前我国的门户网站均开设了体育频道，并且受到了体育爱好者的交口称赞。以上几个门户网站的体育频道每天都会及时更新各种体育新闻，成为体育爱好者获取体育相关信息的主要途径之一。相对于其他体育产业信息网站而言，门户网站的体育频道信息采编和频度较快，传递信息及时并且能跟受众形成良好的互动，因此它们在我国体育产业信息网络化进程中发挥了非常重要的作用。

### （三）以双向互动为主要发展方向

目前，我国体育产业信息网站主要通过信息资源共享与整合来实现网站运营者和受众的双边互动。一般来说，体育产业信息网站运营者最终要以网站技术为载体，以体育产业信息网站为平台，实现体育资源拥有者、网站运营者和网站受众之间的互动与交流；网站在建设与运营的过程中要重视彼此的双向互动，要采取一切可能的方式与措施加强网站与受众之间的联系，促进体育产业信息网站的发展。

## 三、体育产业信息网站的建设流程

一般来说，我国体育产业信息网站的建设流程主要包括以下几个部分：

### （一）网站规划

网站规划是指在体育产业信息网站建设之前，网站运营者要根据实际需要进行分析，提出想要达到的效果和实现的功能，并且整理成需求列表，交付至网站制作服务公司。一般来说，网站规划主要涉及以下内容：

第一，网站定位。网站定位是网站规划的重要内容，其中网站用户、网站功能、网站内容都是进行网站定位时所需要考虑到的。通常情况下，体育产业信息网站的用户是体育产业的从业者、关注者；网站功能主要包括形象展示、信息发布、商务合作等；网站内容能为广大的体育产业从业者、关注者提供丰富的、优质的服务。

第二，内容收集。网站内容的收集一方面是当前产业等信息的积累，另一方面是搜索并整理的信息及内容。

第三，栏目设置。在进行网站栏目设置时，首先要根据网站定位确定相应的栏目，然后明确各栏目的内容。

### （二）网站设计

网站设计主要指对体育产业信息网站视觉方面进行设计，网站设计的内容主要包括以下几个部分：

第一，网站标志设计。网站标志是体育产业信息网站的象征符号，是网站内涵的集中体现，因此设计者要综合考虑各种因素，突出网站的特色。

第二，网站风格设计。设计者在设计时要注意网站的色彩搭配、文字风格、版面布局等保持一致性，以为广大受众带来良好的视觉效果。

第三，导航栏设计。网站导航栏根据位置的不同主要分为横排导航栏和竖排导航栏两种形式，设计时，其风格与网站内容要保持一致。

### （三）站点建设

站点建设是体育产业信息网站建设与运营的重要内容。一般来说，网站站点建设主要涉及以下内容：第一，IP地址申请和域名注册；第二，ISP服务选择（ISP是指互联网服务提供商）；第三，网页制作；第四，网站测试。这四个部分缺一不可。

### （四）网站推广

在通过网站测试后，就可以展开网站的推广。网站推广是网站运营的一项重要工作，如果不进行推广，体育产业信息网站就不能更好传播出去，也不能达到预期的效果。通常来说，网站推广的方式主要有搜索引擎推广法、电子邮件推广法、信息发布推广法等几种，网站运营者可以根据网站的具体情况合理选择。

### （五）网站管理和维护

网站管理与维护也是体育产业信息网站运营的重要组成部分，只有平时加强对网站的管理与维护才能保证体育产业信息网站的正常运行。通常来说，体育产业信息网站的管理与维护主要包括安全管理、性能管理、内容管理等内容，网站运营者在管理与维护的过程中，一定要注重各方面的平衡，不能忽略任何一个方面的建设与管理。

## 四、体育产业信息网站栏目设置

在网站建设中，首先映入访问者眼帘的就是栏目设置，栏目设置是网站最直观的体现。

可以说，它是网站的大纲。不同主题与功能的网站，其栏目设置都存在着一定的差异。在体育产业信息网站建设中，栏目设置能把最直观的反映体育产业信息的内容、类别等问题投向客户，进而为网站运营模式奠定初步基础。一般来说，网站的栏目设置要以客户的需求和使用习惯为基础进行有关设置，这就需要网站负责人员进行相应的调查与分析，以确定栏目设置的模式与风格。

目前，在我国现有的体育产业信息网站中，其栏目设置主要围绕体育产业信息本体内容，并从信息资源增值的角度出发，注重栏目具有的交互性与交易性的特点来进行设置，呈现出多样化的趋势。

## 五、体育产业信息网站技术支持

技术支持是网站建设中重要的组成部分，技术支持的主要任务是帮助建设者提升网站建设和运营的效率，借助各种互联网技术工具，完善网站建设。因此，网站技术是体育产业信息网站建设中必不可少的要素，它是实现网站基本功能的必要条件，缺少了网站技术，网站的建设与发展就会受到直接的影响。因此，在体育产业信息网站建设中，一定要将技术支持摆在重要的地位，充分运用好各种技术工具，完善和健全网站的建设。

### （一）云计算技术

在现代信息技术发展中，云计算技术的应用非常广泛。云技术能够将网络与应用整合为一体，更好地为客户提供服务。另外，云技术还能保存各种数据。一般来说，云计算主要有两层含义，即云平台和云服务。云平台是提供资源、动态可扩展性的网络。云服务是基于底层基础设施的抽象，拥有扩展和灵活的服务。云计算是并行计算、分布式计算和网络的融合与发展。总体来说，云计算技术就是通过将各种用户所需要的资源进行转移和分享，以实现数据的传递，由于其具有很强的实用性和操作性，因而在体育产业信息网站的运营与建设中，云技术的应用是必不可少的。

### （二）数据库技术

1. 知识库系统

目前，现代化的人工智能已经发展到一个较高的水平，而将人工智能与数据库技术相结合，就形成了一个知识库系统。通过知识库系统的应用，能实现很多人力不能完成的工作，极大地提高了工作效率。

2. 分布式数据库系统

由不同计算机数据组成的数据库系统被称为分布式数据库系统。在这一系统中，每台服务器都有自己独立的数据库系统，并对其中的数据进行处理，来满足使用者的日常需求。

### 3. 主动数据库

主动数据库，是指能够对紧急情况进行迅速反应的数据库，而对紧急情况进行被动反应的则称为被动数据库。由被动向主动的转变，是数据库管理系统提高的标志，因此，信息数据主动化的处理能使得网站管理变得更加高效，保障网站的稳定运行。

## 六、体育产业信息网站的目标功能

### （一）形象展示功能

形象展示功能是我国体育产业信息网站最基本的功能。可以说，一个形象优美的体育产业信息网站不仅能吸引受众的眼球，帮助网站运营者更好地与其进行沟通与交流，还能及时地了解并根据受众的需求，对网站进行改革与更新。形象展示功能是体育产业信息网站受众最早期的体验，只有实现这一目标后，网站运营者才能为广大受众带来更好的网站服务。一个内容翔实、设计精美的体育产业信息网站可以反映出网站运营者的综合实力，树立一个良好的形象。

### （二）信息发布功能

信息发布功能也是体育产业信息网站的重要目标功能，网站运营者通过网站向社会发布体育信息，分享体育资源，形成双方之间的良好的互动。网站所发布的信息不仅仅只是转载其他网站的内容，还要注重原创性，网站应多发布一些具有专业性且能够吸引广大受众关注的内容。这样既能帮助网站运营者了解受众的信息需求，也有利于培养网站工作人员的主人翁意识，促进体育产业信息网站的建设与运营。

### （三）商务合作功能

一个体育产业信息网站必须要具有一定的商务合作功能，这是必不可少的。如体育产业资源交易平台、中国体育产业信息网等都具有商务合作功能。体育产业信息网站作为体育相关组织和企业共同合作的桥梁，要为潜在客户提供一定的服务。如体育赛事主办方可以通过其官方网站展示赛事的相关信息，向潜在赞助商传递合作信息等。

### （四）资源整合功能

资源整合功能，是指体育产业信息网站通过系统整合，实现体育信息资源的充分共享，优化体育信息资源配置，发挥体育产业信息资源的最大效应。体育产业网站的资源整合功能可以为体育产业信息获取者提供全面、快捷的信息服务，促进体育产业的不断发展。当今大量的体育产业相关信息以无序的状态出现在大众面前，体育产业信息网站则可以将这些信息进行加工与处理，以满足广大受众者的体育需求。

## 七、体育产业信息网站的盈利模式

我国体育产业信息网站的盈利模式主要包括以下几大类：

### （一）建立融资平台

近年来，我国一些体育产业信息网站正逐步搭建专门的融资平台，提供各类融资服务，如华奥星空网等。它们所采取的形式主要有项目众筹、项目融资、企业融资担保等，这些手段的运用都极大地丰富了体育产业信息网站的盈利模式，值得大力推广。

### （二）行业信息数据

建立行业信息数据库是我国体育产业信息网站正在逐步探索的一种盈利模式，这种模式主要是通过对行业信息数据的收集、整理与加工，发掘其中蕴含的商业价值，以形成行业信息数据库，发布行业信息数据报告等。数据库主要是面向企业级客户，赚取访问的授权费用和行业数据报告的使用费用等。

### （三）电商产品平台

目前，互联网进入了一个高速发展的时期，各种电商平台大量出现并获得了迅速的发展。在我国，各类体育产品纷纷进驻各大电商平台，体育产品的销售逐渐进入电商模式。在此背景下，我国一部分体育产业信息网站也开始搭建电商平台，其收入来源主要有自营收入、第三方佣金、广告费等。这说明我国体育产业信息网站也紧跟时代发展的形势，获得了进一步的发展。

### （四）广告推广业务

广告推广业务是在网站流量达到一定量级后所采用的盈利模式。这一模式也是我国大部分体育产业信息网站主要的盈利模式，其主要类型有点击广告（CPC）、弹窗广告（CPM）、销售分成广告（CPS）、定期广告等。

### （五）O2O的线下活动对接

O2O主要是通过线上招揽流量聚集B端客户，线下实时消费聚集C端客户。O2O的线上以及线下活动对接是我国体育产业信息网站正在探索的盈利模式，主要通过将网站上的流量转变为线下活动消费而盈利。O2O体系将来的盈利点不仅在于所实现的交易和交换，更多的盈利点来自大数据及免费模式下O2O平台所衍生的增值服务。

### （六）商务合作交易

目前，我国大部分体育产业信息网站都非常注重网站的商务属性，即在企业之间搭建一个资源交易平台，开展与企业间的商务合作，从中赚取交易佣金和服务费。如体育产业资源交易平台为各运动协会、各产业基地、各体育企业等提供体育项目招商、体育企业融资等服务，能获得良好的收益。

## 第三节　体育产业信息网站运营模式的优化升级

### 一、我国体育产业信息网站运营模式优化的原则

#### （一）定位清晰

体育产业信息网站的发展需要经过几个阶段才能得到健全和完善，因此，在不同的发展阶段一定要找准自己的定位，且定位要清晰。这里所说的"定位"主要是针对网站运营模式而言的。体育信息网站运营者要结合我国的具体国情和特色，以我国的体育市场为基础，充分调查与分析客户的需求，制定一个科学合理的网站发展目标。

#### （二）分阶段优化

一般情况下，一个网站的建设与发展主要经历技术导向、内容导向和服务导向三个阶段。目前来看，我国大部分的体育产业信息网站都处于技术导向和内容导向之间，即处于一个摸索发展阶段。因此，在我国体育产业信息网站发展的过程中，要认识到自身的发展实际，分阶段地对网站进行优化，促进其在不同阶段的发展；在不同的发展阶段要采取不同的方法与手段，其目的是促进体育产业网站运营的合理化和科学化。

#### （三）整合资源

在体育产业信息网站优化与发展的过程中，运营者一定要注重资源的整合，其中不仅包括体育行业中信息和服务的整合，同时还包括对其他行业信息等各种社会资源的整合。资源整合需要大量的人力和技术途径才能实现。故而可以建立一个体育产业信息数据库，用来发布数据分析报告，整合体育市场信息及其他社会资源。这是目前我国体育产业信息网站优化与发展的重要任务。

### 二、我国体育产业信息网站运营模式优化的措施

#### （一）设立合理的网站定位

根据体育产业信息网站发展的实际，找准合理的网站定位是非常重要的。在进行网站定位时，网站运营者不能只考虑单一的定位对象，而是要综合考虑各种因素，如网站的类型、功能、性能和管理等要素。

我国体育产业信息网站类型为组织型网站；网站用户为体育产业信息的获取者；网站功能为形象展示、信息发布、商务合作、资源整合；网站内容可以按照各级文字界面、行业数据库、相关链接等进行构建；网站性能上限为要应对百万人同时访问的情况；网站以营利为目的的方式运作；网站管理最佳选择为自我管理。综上所述，可以将我国体育产业信息网站定位为网络媒体和经营平台，其核心功能为体育资源置换。找准网站定位后，就要根据网站用户的行为习惯，果断地删除不必要的栏目或版块，抓住网站建设的重点，围绕用户的需求去建设它们，这样才能有效提高网站质量。

### （二）构建清晰的网站盈利模式

一般来说，网站盈利模式可以归结为一个系统。

在建设的过程中，网站运营者要根据具体的实际情况，采取各种盈利战略来加强建设。一般而言，体育产业信息网站的核心产品应是体育行业数据库及数据报告，核心服务是将整合的信息资源传递给体育产业信息获取者。网站运营者所采取的盈利模式及活动主要包括：设置广告空间、开展培训活动、招商、招纳会员、订购体育相关产品或服务、承办各种体育会展、提供体育旅游服务，等等。

### （三）设计实用的网站内容

我国体育产业信息网站的内容主要包括各级文字界面、行业数据库、相关链接等，栏目设置主要围绕体育管理活动、体育竞赛表演活动、体育健身休闲活动、体育服务、体育培训、体育教育、体育产品制造等内容进行构建。一般来说，体育产业信息网站的内容优化要从以下四个方面进行：

第一，体育产业信息网站首页的设计要有一定的美感，页面设置要精美、简洁，吸引他人眼球。

第二，体育产业信息网站核心竞争力为其提供体育行业数据库和行业数据报告。

第三，我国体育产业信息网站要以整合资源为核心，主题分明、结构合理、内容清晰，并能够提供客户所需的各种服务。

第四，根据实际情况删除不必要的内容，并及时清理缓存等，以提高网站运行的速度，为用户提供优良的体验。

### （四）构建合理的运营模式

在构建与发展我国体育产业信息网站的过程中，选择什么样的运营模式很重要。体育产业信息网站应以建立体育行业数据库、提供数据报告为核心竞争力，以服务客户为中心，以资源整合为核心功能，以盈利模式构建为主体，构建一个高效的、科学的、具有特色的运营模式。

在体育产业信息网站运营模式中，网站运营管理者要招纳各种技术人才操控整个运营流程，同时要不断优化以适应新的发展需求；要采取一系列合理的推广方法将网站信息推广给客户，以满足客户的相关需求；在推广的过程中，管理者所采取的营利战略或活动要能获得可观的利益。

## （五）组建高效的运营团队

体育产业信息网站的运营与建设离不开强大的人力资源，因此，建立一个高效的网站运营团队是至关重要的。我国体育产业信息网站运营的重点在于如何完善网站的核心服务功能，展示网站形象，加强商务合作与资源整合，扩大服务范围，这些工作都有赖于高效的网站运营团队。除此之外，在组建一个高效的运营团队的同时，还要加强其管理，发扬团队集体主义精神，严格执行网站管理制度，更加高效地完成网站运营工作。

## （六）实施多元的网站推广方法

一般来说，适用我国体育产业信息网站的线上推广方法主要包括搜索引擎推广法、电子邮件推广法、资源合作推广法、信息发布推广法、快捷网址推广法、网络广告推广法、综合网站推广法、网站评比推广法等方法。

另外，体育产业信息网站运营者在进行网站推广的过程中，要注重线下推广的方式主要从两方面进行：一是可以与国内重大体育赛事机构进行置换合作，实现互利共赢的目标；二是可以参考网站运营的相关案例，并结合自身实际做好网站的运营与推广。

# 第七章　当代体育产业的多元化领域发展

## 第一节　体育产业与旅游产业

### 一、体育产业与旅游产业融合发展的有利条件

#### （一）国家政策支持力度大

经过40多年改革开放的发展，我国旅游业实现从无到有、从小到大、从弱到强，进入了产业化、大众化发展的阶段，成为人民群众的一种生活方式，奠定了向世界旅游强国迈进的产业基础和发展规模。

2009年国务院出台了《关于加快发展旅游业的意见》，提出了大力推进旅游与体育、农业等相关产业和行业的融合发展，支持有条件的地区发展体育旅游，培育新的旅游消费热点，这在一定程度上反映出促进体育旅游发展的重要性。2014年10月20日，国务院印发了《关于加快发展体育产业促进体育消费的若干意见》，把全民健身上升为国家战略，提出促进体育与旅游、传媒、会展等业态需要融合发展。在国家政策的扶持推动下，体育旅游发展迎来了重要契机，发展将迈入新阶段。

#### （二）资源丰富，可开发的产品多

我国幅员辽阔，并且有着十分悠久的历史文化，地理环境复杂多变，且气候具备多样性特征，在开展体育旅游方面具备非常丰富的文化资源、独特的区位优势以及优越的自然条件。在我国，一年四季均适合开展不同类型的体育旅游项目，可使不同年龄、职业层次的人以及不同家庭组合的需求得到满足。

此外，我国地域辽阔、民族众多，拥有五千年灿烂文明的历史，创造了丰富多彩、富有民族特色和地域特点的传统体育活动、民族体育项目。这些传统体育活动以及民族体育项目，不但在一定程度上具备专业性，更重要的一点是其具备地域性及民族性特点，在竞技中包含知识、娱乐以及运动与休闲，集运动和文化于一体，为体育旅游的开发提供了丰富多彩的人文旅游资源。

### （三）具备融合发展的坚实基础

在国外，体育旅游始于20世纪中叶，并迅速成为一种全球性的文化现象和体育产业中的大热门。在我国，从20世纪90年代中期开始，国家旅游局和体育局积极引导推出了一系列产品和线路：1996年国家旅游局推出了中国休闲度假旅游活动，体育旅游成为旅游资源开发的第三大领域；2001年国家颁发了《中国体育健身游活动方案》，将2001年定为"中国体育健身旅游年"，推出了一系列具有代表性的地方大型体育健身旅游活动与专项体育旅游产品和线路；2007年批准首个国家体育旅游产业基地并落户深圳；2008年北京奥运会的成功举办为我国体育旅游发展开辟了巨大的国际和国内市场，体育旅游品牌效益进一步凸显，开始向全面、快速的道路发展。

由于国家的大力引导，根据不同地域特点、地方文化以及民族特色，各地成功开发了一系列体育旅游产品和品牌，比如山东潍坊风筝节、环青海湖自行车挑战赛、东北冰雪旅游节等。体育旅游产品得到很大发展，其中一些在全世界范围内已经享有知名度，产生了巨大影响力，显现了强劲、快速的发展态势。这些都为体育产业及旅游产业两者的深度融合发展奠定了坚实基础。

### （四）消费需求旺盛，市场潜力大

当前，人们对身体健康的关注超过以往任何时候。首先，随着工业化、城镇化的深入推进，现代交通工具的普及，通信技术的发展和环境污染的加剧，以及人们生活节奏的加快，如何保持身心健康，适应终身发展的需要，已成为人们日益关注和关心的问题；其次，2008年北京奥运会的成功举办，进一步激发了人们对体育健身的热情；最后，随着社会经济的快速发展，社会生活水平的提高，人们的消费需求正从解决温饱向追求更高生活质量进行转变。

## 二、体育产业与旅游产业融合中应当注意的问题

在我国体育产业发展过程中，人民群众不断增长的体育需求与有限的体育资源之间的矛盾已经成为主要矛盾。在规模不大、活力不强、设施缺乏、场地不足、人才短缺、体制机制不完善等基础上发展体育产业，需要广泛调动社会积极性和创造力，需要找准并且着力挖掘突破口，推动体育产业和旅游产业融合。虽然体育产业及旅游产业的融合发展已经有一定历史，并且具备坚实的发展基础，其市场前景和需求也比较广阔，并且当前国家政策给予了其很大的支持，但应当注意的是，在体育产业及旅游产业进一步深度融合方面仍有很多难题存在，在发展过程以下几个问题需要加强重视并得到较好的解决。

第一，发展体育旅游需要激发社会活力。在体育旅游事业中投入更多的社会力量以及

资本;加强对体育场馆以及体育设施建设;配套和开发体育旅游领域相关产品和服务;开发、建设一批具有国际影响力的体育旅游产品和线路;对具有市场潜力的中小企业进行培养,形成兴办体育旅游的多元化格局,让社会投资开发体育旅游的活力活跃起来。

第二,发展体育旅游应当对全民健身消费政策进行完善。将全民健身经费纳入财政预算,通过政府购买社会服务,对群众进行鼓励与支持,使其能够在体育旅游活动中积极参与,带动更多群众积极投入全民健身和强身健体的活动中。

第三,发展体育旅游面对人才短缺的严重问题。应当对体育人才培养以及就业相关政策进行完善;引导大中专院校开设相关专业;加强复合型体育产业人才以及技能型体育人才培养,从而能够提供强有力的人才保障和支撑,以促进我国体育产业以及体育旅游等发展。

第四,发展体育旅游需要尽快启动和培育体育旅游品牌。特别是对我国传统体育活动和民族体育活动及其品牌等无形资产的开发保护;继承和弘扬我国优秀的传统体育文化;进一步丰富我国体育产品;树立我国体育旅游形象。真正使体育旅游成为促进经济社会、社会繁荣、文化传承的新的经济增长点。

## 第二节 体育健身休闲产业

### 一、体育健身休闲产业发展中存在的问题

#### (一)居民健身意识薄弱,体育健身消费能力不强

从当前社会实际情况来看,我国居民的健身意识普遍比较薄弱,并且其休闲观念比较落后。当前,主要是老年人经常参加体育锻炼,而中青年所占的比例最低。

另外,由于部分地区的居民收入水平总体上仍然较低,对体育健身消费也会产生一定的影响。据有关资料显示,我国城乡居民除日常生活消费之外,子女教育仍然是家庭最主要的支出,占15.9%,而体育消费仅占4%。

#### (二)有效需求与有效供给均呈不足状态

与发达国家相比,在总体规模上我国体育健身休闲市场仍存在着一定的差距。主要表现在:体育健身消费水平偏低。最近十几年我国体育健身休闲产业得到很大发展,但总体规模仍然偏小。另外,体育健身企业组织形式缺乏规范性,经营管理水平较低,健身产品差异化小,特别是中西部地区及广大农村的体育健身产业发展非常缓慢,供给能力十分有限,对体育健身产业的发展也在很大程度上产生了影响。

## （三）体育健身产业发展不平衡

这种不平衡的表现主要包括以下三个方面：

一是区域上存在不平衡。由于受经济发展水平的制约，在不同地区，体育健身休闲产业的发展规模以及水平上均有很大差距存在。

二是城乡发展不平衡。大部分体育健身设施以及服务经营单位均集中在大中型城市，广大农村的体育健身休闲场所及设施比较缺乏。

三是项目开发上的不平衡。目前，有氧健身操、舞蹈、乒乓球、羽毛球、网球、台球、瑜伽等体育项目比较多，服务项目存在严重的同构化情况，产品差异度不高，缺乏经营特色。

## （四）体育产业统计体系不健全

体育产业统计是明确体育产业在国民经济发展中地位的重要工具，也是揭示体育产业与其他产业关联度的依据。我国目前尚未出台国家的体育产业统计标准，有些省（市、区）虽然组织进行了本地区的体育产业调查，但由于没有统一的标准，统计结果的可比性较差，无法反映体育产业运行的真实情况，因而也就无法真实地反映体育产业在国民经济中的地位和贡献，进而影响了政府对体育产业的支持力度。

## （五）市场法规不健全，管理有待进一步加强

尽管我国已经出台了一些体育产业发展和管理方面的条例，但政府对体育健身休闲产业的管理体制目前还没有完全理顺，多头管理的现象时有发生。

目前，体育健身产业的行业管理同样比较薄弱，市场壁垒较低，缺乏严格的准入制度，经营管理水平比较低，无法监控并检查服务质量，导致消费者与经营者之间经常有纠纷发生。

# 二、体育休闲产业发展策略

## （一）注重体育健身产业经营管理人才的培养

发达国家对体育健身管理人才的培养均比较重视，例如英国有115家大学开设了与体育健身休闲有关的专业，其中包括体育休闲管理、体育健身医疗以及体育休闲法律等。

在我国，开设有体育休闲及体育管理专业的院校仅有几家体育学院，所培养的学生根本无法与体育健身休闲产业发展的需要相适应。目前体育健身企业的经营管理人员，大多是"半路出家"，并没有接受过正规的专业训练。在我国体育健身产业发展过程中，缺乏经营管理人才已经成为一个重要的影响因素，因此，应该充分发挥体育院校和综合大学体育院系的优势，加强培养体育健身休闲产业经营的管理人才。

## （二）积极推进体育产业的结构调整

调整的目的是为了对体育产业结构进行优化，使其产业结构实现合理化及高度化。结构合理化，是指体育产业内部需要符合产业发展规律和保持内在运作机制，保证各部门的协调发展。结构高度化，是指体育产业在技术不断创新的基础上，发挥主导产业作用，带动产业质量提升，实现产业由低级向高级的转变。

从第一次全国体育及相关产业专项调查数据来看，我国体育产业增加值主要来源于体育用品制造业，占到70.98%，体育组织管理活动以及体育健身休闲活动所占比例分别仅为7.06%和4.65%，而其他部门所占比例更少。这种情况说明我国体育产业结构并不合理，作为体育产业内部主导产业的体育健身休闲产业和体育竞赛表演产业并没有起到主导产业的作用。此外，我国体育产业缺乏较强的科技含量及创新能力，对产业质量的提升也会产生严重的影响。对于当前所存在的这种情况，必须对体育产业结构进行调整。

在调整体育产业结构方面应要注意以下三条：一是必须借助市场机制；二是加大国家政策支持和引导；三是政府应适当减少行政干预。

通过对体育产业结构进行调整，可以使完全市场化的体育产业结构建立起来，促进体育产业的快速发展。

# 第三节　体育消费及趋势

## 一、体育消费的概念

在居民消费中，体育消费属于重要组成部分。在学术界，关于体育消费的概念尚未形成具有共识的定义，但国内学者从不同角度提出了自己的见解。

徐钟仁认为，体育消费包括两方面：一是体育管理职能部门的消费；二是居民体育消费。居民体育消费所指的就是为了能够使居民个人生活及需要得到满足而耗费的体育物质产品、体育劳务产品以及体育信息产品的总和。钟天朗认为，体育消费是人们在体育生活方面的个人消费支出。朱柏宁等人认为，体育消费是人们为了满足自己物质和精神生活的需要，采用不同方式消耗体育资料和劳务的过程；他们认为体育消费有狭义的和广义的理解：狭义的体育消费主要指那些直接从事体育活动的个人消费行为；广义的体育消费则包括一切和体育有直接或间接关系的个人消费行为。杨永德认为，体育消费是指一个国家为了达到发展体育事业目的的需要，而用于体育以及与体育有关的一切设施方面的人力、物力和财力的消费。于振峰认为，体育消费是物质和精神产品用于满足体育消费者体育需求的行为和过程；他把体育消费分为物质和精神两部分内容。栾开封认为，体育消费应理解为是人们通过参加体育活动或观赏体育竞赛，以满足强身健体、愉悦身心等要求的过程；他从三层意思上解释了体育消费的含义，即体育的主体、消费的实现形式和消费的目的性。

综上所述，学者们基本上是对消费者与消费需求、消费行为及消费者消耗与体育有关的物质对体育消费进行限定的。

总体而言，所谓体育消费所指的就是体育消费者对体育消费资料的消费过程。该概念的意思主要包括以下三个方面：第一，体育消费是以消费能力与消费需要的消费者为主体的；第二，体育消费能够使某种需求得到满足；第三，体育消费中的主体与客体之间的行为具备依赖关系，也就是说，要实现体育消费必须要保证具备一定时间及空间，对于居民体育消费而言，其主体为具备体育消费能力以及消费需要的个人或家庭。

## 二、不断开拓及发展体育消费领域

体育消费领域的开拓和发展不是偶然的，它是社会生产力发展到一定阶段的产物。因为体育消费是和整个社会生产力的发展水平、社会经济发展状况、体育社会化程度的高低、全民体育意识的强弱分不开的。当今世界上经济比较发达的一些国家，通常情况下，也是有着较高体育社会化程度以及全民体育意识较强的国家，而这些国家同时具备较高的体育消费水平。所以可以说，体育消费水平高低的主要制约因素就是社会经济发展，同时，在一定程度上也会受到社会文化背景、传统消费习惯以及消费意识方面的影响。

据有关资料表明，经济发达国家人们日常生活中用于体育消费方面的开支通常占整个社会消遣和娱乐消费的30%～40%。当今美国人的消费观念认为，体育消费应占消费总额的20%左右。据美国一次全国性的调查统计结果表明：1988年美国人的体育消费总额达到470亿美元，人均约220美元左右，其中花费在观看各种运动比赛门票的费用为64亿美元，花费在保龄球、高尔夫球等会员费达62亿美元。1987年美国全国每天平均增加三家体育用品商店，五家减肥中心开张营业；全国四万家体育用品商店每天共出售1.3亿美元的体育用品，其中包括100万双运动鞋、22000套运动服和190万份各类体育报纸、杂志、图书；全国每天平均有7000个体育场（馆）有赛事；每天工作之余，全国有2560万人到体育场馆或郊外进行一小时左右的体育活动，有3000万人参加球类活动。由此可见美国大众体育消费水平的状态。再如意大利，1983年居民在观看体育比赛上的费用就达291亿里拉（约合140万美元）。由此可见，体育消费水平的高低是和社会生产力发展水平、经济实力强弱分不开的。体育消费水平的不断提高，已成为经济发达国家居民消费结构变化的重要趋势。这种变化趋势是符合当代社会经济发展规律和现代生活方式发展变化规律的，也是符合体育社会化发展规律的。

据同时期的有关统计资料分析表明，1987年我国城镇居民用于文化娱乐社会消遣方面的费用支出只占全部居民消费支出的0.34%，而用于体育消费方面的支出平均不到整个社会消遣和娱乐消费的10%。就以上海这样文明开放的大城市来说，1986年居民用于文化娱乐消遣方面的支出，人均也只有1.68元人民币，其中用于体育消费方面的支出更是不到20%，只有经济发达国家人均体育消费的3%左右，空闲时间里愿意参加球类运动的家庭仅占2%。可见当时我国体育消费水平是相当低的。

造成当时我国体育消费水平低的原因何在呢？

第一，当时我国的社会生产力仍不够发达，并且经济发展速度也比较慢，人们生活消费水平也刚开始由温饱型过渡到小康型，所以人们还缺少富余资金来进行体育消费。

第二，当时我国人民还未能从根本上转变消费观念、消费意识以及消费结构。在人们的意识中仍存在十分牢固的传统陈旧的消费观念以及消费意识，表现在日常生活消费中即通常情况下仅重视各种实物消费，对各种非实物消费往往会轻视，甚至忽视，因此，很容易导致体育消费水平比较低。

第三，大多数国民对于体育消费所具备的作用及意义还未能够普遍地、深刻地、全面地认识，对于体育消费具备的经济效益以及社会效益也没有意识到，从而对体育消费水平的提高产生了影响。

第四，在当时还没有足够的可供人们从事各种类型的体育消费的体育场馆、体育设施及各种体育实物消费资料和体育劳务或服务消费资料，进而在一定程度上制约了体育消费水平的增长。

## 三、体育消费正在逐渐增长

应当看到，体育消费水平不是一个常量而是一个变量，从发展趋势来看，目前我国的体育消费需求正在逐步上升，且呈增长趋势，原因有以下几个方面：

第一方面在于社会生产力的发展、社会基金的增长、人们收入水平的提高、生活水平的改善，导致了人们消费结构的变化，这样整个社会消费需求在范围上、内容上、数量上和质量上都将随之扩大和提高，从而也引起体育消费需求的增长。这是根本的原因。

第二方面在于在社会消费需求中，对于生存需要、发展需要以及享受需要三者而言，不会依据同一比例增长与扩大，由于受到自然消费力较高程度的制约，基础层次的生存需要有一定界限，在增长到一定到程度便会停止；相反，更高层次的发展需要和享受需要主要受社会经济因素的制约，而人的自然生理因素对它的制约较小，因而从增长趋势来看，其具有无限性。因此，在人们的生存消费得到基本满足之后，其消费需求的增长必扩大到发展需要及享受需要，在总消费中的比重将逐步增大，从而体育消费需求也将随之不断增大。1990年，我国人均消费水平由1980年的226.6元增加到414.3元，为1930年的1.83倍；2000年人均消费水平增加到712.3元，为1980年的3.14倍，是1990年的1.72倍。1952年至1980年我国居民消费水平年平均增长2.6%；1980年至2000年平均每年增长5.9%。这种消费水平的增长趋势，也必然带来体育消费需求的增长。由于居民的闲暇时间会在很大程度上有所增加，在学习、娱乐以及体育消费方面所花费时间和费用也会随之增加，人们将会有更加丰富多彩的物质消费以及精神文化消费，这样一来，也将会在很大程度上刺激体育消费需求，使其增大。

第三方面在于现代社会正朝着电子化、自动化、信息化的方向发展，人们在日常工作中的体力支出已开始日益减少，为了保持充沛的精力，维护健康，必将有更多的人参加各种体育活动。

随着时代的发展，作为体育运动重要组成部分的群众体育也出现了以下几点新的变化趋势：

第一，随着当前人们经济收入的不断增加，人们将会改变传统的体育消费观念。

第二，随着当前人们余暇时间越来越多，人们将会有更多的机会进行体育锻炼。

第三，随着当前人们营养水平的不断提高，将会有越来越多的人将健美、健身当作锻炼的直接目的。

第四，随着居民文化程度的提高，科学锻炼的需求将会更加迫切。

第五，随着人口年龄结构的变化，锻炼要求较为迫切的中老年人数量将大大增加。

因此，我国未来社会对体育的需求会越来越迫切，这些都将极大地增加对体育实物消费资料、体育劳务以及服务消费资料的社会需求，从而推动体育消费需求的增长趋势。

除了以上几个方面的原因之外，随着与体育相关的产业的不断发展及开拓，体育消费品数量正在不断增加并且质量在不断提高，开始出现越来越多的新产品、新品种以及新的体育消费项目，这样会使人们的体育消费需求有所增长，并且会使人们产生新的体育消费欲望。

根据国内外社会消费结构变化的实践和我国近年来社会消费结构正在发生深刻变化的事实，在未来社会经济发展中，我国体育消费需求增长趋势将主要表现为以下三点。

第一，实物型体育消费需求将迅速增长。实物型体育消费需求，是指运动服装、运动鞋及小型运动器材等体育实物消费资料的需求。这种实物型体育消费需求增长的原因在于以下两个方面：一方面运动服装、运动鞋这类体育消费资料兼有运动和日常生活两方面的效用，加上这些消费品新型的款式、流畅的线条、丰富的色彩、强烈的现代意识、时代感和个性感，开始受到越来越多的体育消费者，特别是青少年体育消费者的青睐；另一方面，这些小型运动器材价格相对低廉，个人完全有能力去支付，加上这些小型运动器材对这些经常参加体育活动的人来说，也是一种必备和常备的"武器"。因此，随着我国体育社会化的拓展和体育人口的增加，实物型体育消费需求将迅速增长。

第二，欣赏型体育消费者队伍将日趋壮大。欣赏型体育消费，是指人们用货币购买各种入场券、门票，以观看、欣赏达到视觉神经的满足为目的的各种消费行为。如观看各种体育比赛、体育表演以及各种和体育有关的影视录像、展览等。随着我国体育事业的发展、体育运动水平的提高以及体育产业的进一步对外开放，国际体育交流必将得以日益壮大。各种各样的体育比赛、体育表演，特别是大型的国际、洲际体育赛事（例如世界女排赛、亚运会等）在我国举办，必将极大地提高我国人民的体育意识和体育欣赏水平。这样，欣赏型体育消费者队伍也在日益壮大。

第三，参与型体育消费将日益兴旺。参与型体育消费，是指人们用货币购买各种和体育活动有关的体育劳务或服务的体育消费资料的消费行为。如为参加各种各样的体育活动、健美训练、健康咨询等支付的各项费用。随着我国体育部门进一步深化改革，各种体育劳务和服务项目方兴未艾，特别是开始不断出现一些健身娱乐场所和健美锻炼、咨询、辅导等有偿服务形式，必将使体育消费者的消费兴趣得到提高，使体育消费者的消费欲望得到满足。同时，体育的功能、体育消费的效益也将被越来越多的人所了解，从而促使更多的人参与体育消费过程，加入体育人口行列。

## 四、扩大体育消费的建议

### （一）引导我国居民体育健身消费

1. 优化体育消费结构

消费结构，是指人们在消费行为中，所消费的不同类型的消费资料的比例关系，包含实物消费与劳务消费之间的比例，各社会各集团的消费比例，社会公共分配与个人分配的比例，各种消费行为衣食住行用之间的消费比例，以及人们的自然属性与社会属性所需的消费比例关系等。体育消费在以上各种关系中也都占有一定的地位。体育消费中有大量的劳务消费，如看比赛，到体育场馆参加各种体育娱乐活动的消费；其中也有大量的实物消费，如购买运动服、运动鞋、运动器材等。要想使我国城市居民提高其体育健身消费水平，必须要改变我国当前的体育消费结构，也就是说由以实物型消费为主向以劳务型消费为主转变。主要是让我国城市居民多到消费性的体育场馆参加各种体育娱乐活动，在消费和锻炼身体的同时，应当提高对体育锻炼所具备价值的认识。通过对体育消费结构进行优化，不但能够使我国城市居民提高体育健身消费水平，同时还能够使我国城市居民提高其身体健康状况，对全民健身运动的广泛开展具有推动作用，使我国城市居民的终身体育意识逐渐得以形成。

2. 引导居民家庭体育消费

家庭是其成员生活方式的主要载体，家庭是社会构成中最基本的细胞，是由婚姻关系——夫妇，血缘关系——父、母、子女、兄弟、姐妹或其他亲族关系妯娌、翁婿、婆媳等所组成的社会的最基本单位。在这个单位里有丰富的亲属、亲族的亲情活动，有成员间共同的经济活动，还有带着深厚情感的社会性活动。目前我国家庭成员数目少，关系比较简单，家庭对孩子的教育主要由父母完成。人，一旦降生，家庭就是他所归属的第一个群体，父母就是他们直接学习的对象，是他们终身学习的老师，生活琐事就是教育内容，处理日常生活的方式方法就是无形的教育的方式方法，教育的目的是为了让孩子能够身心健康地成长。

少年儿童是家庭体育中最踊跃、最热心的参加者，因而家庭体育也是教育子女的良好手段。在体育游戏中，孩子的各种天性都会不自觉地表露出来，在家长面前活动更是无拘无束。家长能够对他们的兴趣、志向和性格进行充分的观察、了解和掌握，进而在潜移默化中对其进行引导和教育。

### （三）提升居民体育健身消费意识

意识，是指人所特有的对客观现实的反映。意识使人能够用客观现实中引出的概念、思想及计划等来对自己的行为进行指导，使行动具有目的性、方向性以及预见性。它是人类特有的反映出客观现实的最高级的认识形式。这种反映的起源和产生，总是同人们的实践活动紧密相连。只有客观事物对人施加具体影响和作用时才能产生相应的意识。

体育意识是人们对体育的认识、价值观念及在体育活动中所表现出来的精神、思维活动等思想观念体系。在体育实践中，人们对各种情况信息进行加工整理、分析综合，从而逐步透过现象去认识本质，把握事物发展的规律性。对于体育意识而言，其基本内容主要包括三个方面，即体育认识、体育情感以及体育意志。其中体育认识所指的就是人们在体育知识以及理论方面的追求，它与认识的内涵是统一的；体育情感所指的是对体育的感受以及评价；体育意志为体育意识的能动方面，是人们自觉地对参与体育的目标进行确定，并且在确定目的的支配下，将行动中存在的障碍与困难克服，从而使目的得以实现的一种心理形态。体育意识可以对体育情感进行引导与控制，而体育意志受体育情感的影响，体育意志对体育情感又具有反作用。这三者之间相互联系，相互作用，从而构成了完整的体育意识。

从供给的角度看，扩大体育消费必须把发展体育产业作为重点。从人们的意识角度看，体育消费的增加说明人们对体育的认识有所提高。近年来，体育消费在我国的大中城市是一个热点。体育消费品，尤其是体育服务产品整体上还处于供不应求的状况，广大城市居民对高质量体育服务日益增长的需求与体育企业实际供给能力之间的矛盾十分突出。因此，当前制约我国城市居民进一步扩大体育消费的因素，除了与居民收入普遍较低有关外，体育消费供给能力不足也是一个重要原因。所以，我们要大力发展体育产业，增加我国城市居民的体育消费，提高城市居民的体育意识。

# 第八章　中国体育产业支持体系的创新与完善

## 第一节　投融与融资支持体系的建构

中国体育产业投融资活动总是客观地依赖于一定的体制和制度。所谓体育产业投融资体制，是关于体育产业资金的融通、投入、运作与监管等活动的制度安排，是各种关联要素有机结合的系统结构。它是体育产业投融资政策与制度组织化的体现。而体育产业投融资政策是指关于体育产业投资、融资、补偿等政策与法规的总称，它包括体育产业投资主体结构与分工安排，融资渠道的开辟与规定以及投资补偿与分摊等。也就是说，体育产业投融资政策是一个综合性概念，它可分解成投资政策、融资政策与补偿政策。体育产业投融资体制与政策是两个关系极为密切的概念。体育产业投融资体制虽然重在体育产业投融资的主体结构安排与制度规范上，但也囊括了政策成分，二者在政策制度规范上是相重叠的。体育产业投融资政策则重在既定的投融资体制背景下，对体育产业投融资活动做出的具体规定。因此，体育产业投融资政策的具体落实离不开特定的体育产业投融资体制背景。要深入研究体育产业投融资体制，就必须对相关的体育产业投融资政策及环境展开研究。体育产业投融资依赖的政策环境是指维持体育产业投融资体制的有效运转所需要的来自于政府调节体育产业经济和体育产业投融资活动的政策供给环境，具体包括政府供给的体育产业投融资政策与环境、税收政策、产业政策等。由此可见，体育产业投融资体制属于体育经济范畴，其运行形成了国民经济中的体育经济行为。

### 一、中国体育产业投融资体制的构成框架

中国体育产业投融资体制的运行机理是关于组成体育产业投融资体制的各构成要素及其运行中相互关系的总和。因此，它包括中国体育产业投融资体制的构成框架和运行机制两个方面的内容。中国体育产业投融资体制是一个有机的系统结构，其构成框架如图8-1所示。

从图8-1可以看出，我国体育产业投融资体制是由授信主体（资金的供应者）、融资与投资主体（授信主体，即资金的需求者）、投资项目以及政府管理部门及其规定的政策、制度、法规构成的有机运行的系统框架。

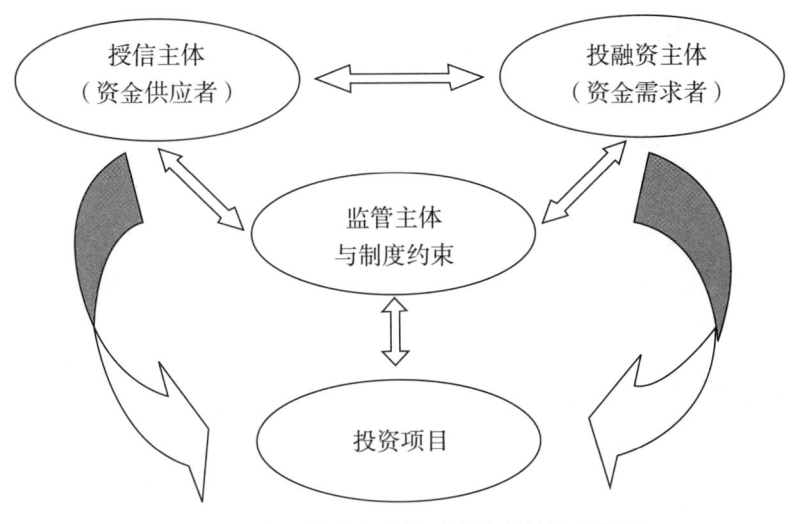

图 8-1　中国体育产业投融资体制的构成框架

授信主体就是资金盈余部门，是融资过程中的资金供应者。多数情况下，项目的融资者也是项目的投资者，投融资主体实际上是指相同的一个组织或个人，投资主体在自有资本匮乏的情况下，就会变成融资主体，形成对外资金的需求者，在金融市场上通过借贷或发行体育股票、体育产业债券等形式进行项目的资金流通，成为接受信用的主体（即授信主体）。市场经济体制下，资金供应者通常有居民、银行等金融机构、企业和政府，他们通过购买体育股票、体育产业债券或直接提供信贷对融资主体提供信用、融出资金。在项目预期利益的驱动下，融资主体就会变成投资主体对项目进行投资，投资是投资主体单方面的体育经济行为，但授信主体（如银行）为了防范融出资金的风险，通常要对投资项目和投资结构进行充分的考察评估，只有在项目可行、有技术管理和收益保障后才会向融资主体融出资金。

无论是授信主体，或是投融资主体，还是投资项目，它们都离不开一定的管理和制度约束。为了规范体育产业市场投融资秩序，政府有关部门必须向体育产业投融资市场的投资与融资行为出台一定的政策与制度，并要求有关行政管理部门和市场自律部门进行规范管理，以保证体育产业投融资行为有序地进行和投融资项目在国家体育产业政策指引下得到健康成长，并以此推进体育产业投融资体制的不断完善和体育经济的持续发展。由此可见，授信主体、投融资主体、投资项目、监管主体以及政策制度和构成的运行关系总和便形成了我国体育产业投融资体制的基本框架。

## 二、体育产业投融资体系的多元化方式

当前，我国体育产业发展存在的突出问题是资金短缺，经费不足已经越来越影响到体

育产业本身的生存和发展，多方位拓宽资金筹集的融资渠道必然摆到了我们的面前。因此，加快我国体育产业多元化投融资体制的发展成为亟待解决的问题。

我国体育产业发展所需要的资金除了争取中央政府投入外，还有很大缺口需要我国各地区自己想办法解决。因此，在积极探索建立社会主义市场经济体制下体育产业投融资活动新体系的同时，必须拓展和创新投融资思路，特别是对于我国西部一些发展相对滞后的省份来说，是要大胆地冲破传统观念，建立一种新的体育产业投融资理念，在使传统融资途径继续发挥其作用的同时，要超常规地大胆设想和尝试新的融资方式，实现筹融资活动的飞跃式发展。主要的投融资方式有以下六种：

### （一）体育产业股权融资

在国外，证券市场股权融资是体育产业融资的重要方式。在证券市场上，体育产业的企业可以通过发行体育股票的方式筹集资金。目前在深沪两市众多上市公司中，只有中体产业一家体育公司。虽然由于上市资格的限制，主板股票市场能否成为中国体育产业起飞的发动机现在还不容乐观，但是有一点是可以明确的，即上市以后，通过市场的监督机制，企业行为得以规范，现代企业运营制度得以确立，从而实现使体育产业真正产业化的目的。

### （二）体育产业债券融资

企业债券，也称公司债券，是企业依照法定程序发行、约定，在一定期限内还本付息的有价证券。企业发行债券融资有利于提高企业在社会上的知名度，加强社会对企业的监督，促进企业改善经营管理制度；体育债券筹资成本较低，资金使用期限较长，资金来源更加稳定。在其他国家体育产业的发展中，利用体育债券融资是常见的一种融资方式，例如，国际足联曾公开发行债券，所筹集资金用于确保每届世界杯赛的前期开销；美国发行体育债券为NBA球队筹集体育场馆的修建资金。目前我国的企业债券发行规模还很小，只有诸如铁路、电力、三峡等AAA级的企业才有资格发行，体育产业通过发行债券融资将是中国体育产业市场化融资的必然选择。

### （三）体育产业基金融资

有别于财政、银行、股市的融资途径，体育基金是伴随体育产业发展起来的带有行业色彩的准金融机构。通过向社会公众和企业事业单位发行基金受益凭证，募集资金。开放性基金的受益凭证不能上市，也无须上市，所以它不仅不会加剧股市资金供给不足的压力，而且可以避免投资基金的受益凭证在二级市场上被投机炒作，充分发挥其为体育产业融资、促进体育存量资产盘活和广泛开展资本营运的应有功能。

### （四）商业银行贷款融资

国际商业银行贷款的提供方式有两种：一种是小额贷款，由一家商业银行独自贷款；另一种是金额较大由几家甚至几十家商业银行组成银团贷款，又称"辛迪加贷款"。为了降低贷款风险，数额较大的贷款，大多采用后一种做法。自 20 世纪 60 年代开始直到 80 年代初，这种贷款曾发展成为国际上中、长期贷款融资的主要形式。

### （五）体育赞助融资

体育赞助是一种新兴的经济行为，其需要遵循市场经济的一般规律，以优化资源配置为目标，把企业和体育组织者或参与者连接起来，使两者的现有资源进行进一步的优化和重新配置以实现双赢之目的。体育赞助自从出现以来不断被各类企业加以利用并完善，发展至今，体育赞助在体育市场上占据了相当重要的位置，使日趋壮大的体育事业加快了规范化和市场化的步伐。

### （六）体育彩票融资

体育彩票作为一种高效率的融资手段已经为目前全国上下的"体彩热"所证明。西方人把体育彩票看成是"无痛税收""微笑纳税"。同样，我国的体育彩票事业也是潜力巨大的。实践表明，发行体育专项彩票开展博彩活动，既有利于增加体育消费，也有利于增加投资，吸引社会游资，支持体育发展。如足球彩票，除了融资以外，还有利于刺激体育消费，扩大体育市场。同时，把发行专项彩票制度化，通过法律保障体系的建设来规范体育彩票的经营，使得体彩在中国体育产业发展的洪流中茁壮成长。

为了加大投融资支持力度，拓展体育产业发展资金来源的渠道，政府可以通过安排补助资金等方式促进体育产业发展。支持有条件的体育企业进入资本市场融资，通过发行债券、股票，以及项目融资、资产重组、股权置换等方式筹措发展资金。积极鼓励民间和境外资本投资体育产业，兴建体育设施。鼓励金融机构适应体育产业发展需要，开发新产品，开拓新业务。鼓励社会力量捐资设立体育类基金会，鼓励境内外组织与个人向基金会提供捐赠和资助。通过借鉴国外发达国家体育产业多元化投融资体制及其法规和政策理论与实践研究成功的经验，对于进一步推动中国体育产业多元化投融资的快速发展具有重要的现实意义。

## 第二节 体育产业人力资源支持体系的延展

当前，我国体育产业的发展速度越来越快，产业内部分工与协作也越来越精细，这一发展趋势要求不断优化体育产业人才结构，吸引和发掘更优质的人才，使其为体育产业的进一步发展做出自己的贡献。然而，当前我国体育产业人力资源的总体状况并不乐观，问题重重，因此要加强其他开发与培养，提高体育产业人力资源的专业素养，使其成为真正服务于体育事业的优秀人才。

# 一、体育产业人力资源解读

## （一）人力资源

一个国家和地区中，所有具备体力劳动能力和智力劳动能力的人总称为人力资源。这一概念说明人力资源包含两个重要因素：一是数量；第二是质量。

## （二）体育人力资源

在竞技体育、社会体育、学校体育等各个体育领域内进行体育劳动与智力劳动的人总称为体育人力资源。体育人才资源的范围要比体育人力资源小，专指体育人力资源中表现优秀的那部分资源。

从体育人力资源的方面来看，我国培养体育人力资源，主要是为了服务于竞技体育，否则这会影响体育的产业化、市场化发展，也会影响体育的经济功能的发挥。有关学者认为，体育商务人才数量缺乏且质量低下是我国加入世贸组织后给体育产业发展带来的最大挑战。在计划经济时期，我国体育事业按照福利模式发展，而且持续了很长的时间，这严重影响了我国体育人才的培养。虽然新中国成立至今我国培养的体育人才不少，但总体来看人才结构单一，以运动技能型人才为主，经营与管理方面的人才非常少，由此可见体育产业人力资源的开发与培养并未得到重视。

当前，我国体育产业领域中的从业人员主要有两种：一是原来从事的工作与体育有关的人员，如运动员、教练员、体育职员等，这类人员对体育的认识比较丰富、深刻，但缺乏经济与管理方面的知识；二是商人，他们长期征战商场，思维敏锐，懂得如何在市场经济下运行盈利模式，但这类人员不清楚体育的特殊性，所以难以有效结合体育的特征来进行运营与管理，这往往会给其工作带来一些困难。

## （三）体育产业人力资源

体育产业人力资源指的是可以将各种管理技术应用于体育经济活动的体育人力资源。体育产业人力资源是将体育资源转化为生产力的重要载体。

21世纪是知识经济时代，是信息技术时代，在这一时代背景下，人才是国家、民族、企业生存与发展的基本动力。从这一角度来看，体育产业的升级、优化及发展离不开体育产业人力资源，在体育改革和体育产业的全面发展进程中，体育产业人力资源是非常重要的中坚力量。我国在发展体育产业的过程中，需要完成体育资源向生产力的转化，这就需要大量专业、优秀且具有创新性的体育产业人力资源参与其中。在我国体育产业快速发展的今天，对相当数量、多种规格的体育产业人才有迫切的需求，只有体育产业专业人才才能担负起繁荣我国体育产业事业的重任。

然而，目前我国体育产业人力资源十分缺乏，尤其是缺乏管理方面的体育人才，高级人才更是寥寥无几，这是制约我国体育产业发展的重要瓶颈，因此我国各有关部门应该将体育产业人才开发的工作重视起来，为我国体育产业的发展积极培养优秀的中坚力量。

### (四) 体育产业人力资源的结构

从我国体育产业发展的需要来看，可以将体育产业人力资源的结构划分为三类，分别是体育组织的行政管理人才、体育产业经济管理人才以及体育产业教育人才。其中体育产业经济管理人才又包括经济人才、法律人才及经营管理人才。

## 二、体育产业人力资源培养的模式

培养体育产业人力资源不仅是实施体育产业发展战略的需要，而且更是我国体育事业和时代发展的需要。因此，我们必须全面重视体育产业人力资源的培养问题，深入分析与科学构建体育产业人力资源的培养模式，下面主要就体育产业人力资源培养模式的内容与构建这两个问题进行分析与研究。

### (一) 体育产业人力资源培养模式的内容

体育产业人力资源培养模式主要包括以下三个方面的内容。

1. 培养目标

从体育产业人力资源培养模式的结构来看，居于第一位的是培养目标，对体育产业人力资源进行培养，构建人力资源知识结构体系等都需要以明确的培养目标为基础。体育产业各领域人才的基本工作状态能够通过这类资源的培养目标中反映出来，因此在制定培养目标时，要注意准确描述相关人力资源的工作领域和工作内容，从而使体育产业人才的培养方向能够明确下来。

培养目标的设定要避免过于浅显的情况，应不断深化，体育产业人力资源培养目标的深化主要体现在培养规格上，即明确指出体育产业各领域的人力资源应该具备的知识、素质与能力。培养目标与培养规格之间的关系非常密切，只有先对培养目标进行明确，才能对各领域人力资源应具备的基本规格有大概的了解。

2. 课程设置

在体育产业人力资源培养模式的整个系统结构中，课程设置起着纽带的作用。人才培养这个问题首先要明确的是对什么样的人才进行培养，然后是探讨怎样按照这个目标来培养人才，即用什么方式去培养。在这两个环节之间，起连接与纽带作用的主要是课程设置。

体育产业人力资源的基本知识、素质及能力可以通过课程设置反映出来。培养者采用什么方式对人力资源进行培养，主要是看课程设置情况，在对具体的培养方式进行选用时，需以课程设置情况、培养目标以及培养规格为依据，这样选出来的培养方式才更具有实效性，更能取得良好的培养效果。

在课程设置环节，不要只是简单罗列体育产业人力资源需学习的课程，要注意对相关配套措施的采用，并分析教学方式以及相关教材问题。此外，在对课程设置方案进行制订的过程中，要注意随时根据体育产业的发展情况和体育产业市场对人才的需求结构来调整方案，避免以一成不变的方案来应对不断变化的外界环境。随着课程设置方案的调整，具体的培养内容与方法也相应地有所更新，对体育产业不同领域的人才资源采取不同的方法进行培养，只有重视到培养的针对性，才能有效提高培养效果。

3.培养方式

体育产业人力资源培养模式的最外在表现就是培养方式，对于培养机构而言，在培养体育人力资源过程中需要面临的实际操作性问题涉及办学方式、培养途径、培养层次、考评方式、师资队伍建设等，对这些问题进行处理时，首要原则就是要有利于体育产业人力资源培养目标的实现，能够使培养出来的人才符合培养规格，只有在这一原则基础上设计培养方式，才能保障人才培养工作的顺利开展，也才能促进课程质量的提高。

## （二）体育产业人力资源培养模式的构建

我国体育产业人力资源培养模式的构建流程，总体上是要从培养目标、课程设置以及培养途径三个方面着手进行的。

1.明确培养目标

对体育产业人力资源进行培养，就是培养体育领域及相关领域的专门人才，概括来说，就是体育产业理论型人才和体育产业应用型人才。在对不同类型的体育产业人力资源进行培养时，都要先设定培养目标，关于这一点，体育产业专业的学生和用人单位持不同的观点。另外，不同地域的体育产业发展现状不同，因此有关体育产业人才培养目标的看法也有一定的不同，这是现阶段我国在体育产业人力资源培养方面存在的主要问题。

在对体育产业人力资源的培养目标进行制定的过程中，需全面考虑国家与地方的发展需要，尤其是经济方面的发展需要，同时也要对体育产业发展对相关人才的需求进行分析，以此为基础和前提来进行目标设定是比较合理的。此外，在设定目标的过程中，人力资源培养机构的自身条件也是需要被加以考虑的一个因素，这样制定出来的目标才有实现的可能。体育产业人力资源的培养方向、发展目标等受资源培养类型与层次的影响，对各项培养工作进行开展也应以培养类型与层次为基本依据，因此培养类型和层次的定位必须准确。

相关培养机构在对体育产业人力资源培养模式进行构建时，需树立科学正确的办学思想，明确自身的定位，这是办学工作开展的前提。而要想实现对自身的正确定位，实现人才培养目标与发展目标，就需要对社会需求进行科学分析，从而与外界环境保持一致。在对人力资源培养方向及专业方向进行设置时，需对区域经济社会发展对人才的需求进行充分的考虑，对区域经济社会的发展趋向及时加以了解，并以区域体育产业的发展情况为依据来对培养目标进行适时与合理的调整。

培养规格是培养目标深化的表现，知识、能力和素质等是体育产业人力资源培养规格的几个主要方面。在具体的规格设定中，需重视以下几点。

第一，思想道德素质、职业道德素质、身心素质始终都是体育产业人力资源的基本素质，有关行业对此也十分重视，并一直都将此作为强调的重点，所以这是体育产业人力资源必须达到的基本规格要求。

第二，高技能的人才始终是体育产业发展所需的重要人才之一，在应对财务、营销、生产研发、经纪、赞助及法律等方面的工作时，高技能的人才能够从容且高质量地完成它们。但这类人才并不是只拥有高技能就可以了，还需掌握更深刻的知识，否则难以在自己的领域内获得更高水平的发展。

第三，在体育产业人力资源培养规格的相关要求中，有关行业高度认可的知识要求主要体现在自然科学知识与人文社会科学知识上，这说明全面型的人才才是时代所需的人才，如果体育产业人力资源只是单一的技能型人才，则难以满足体育产业的发展需求。

第四，在人力资源能力结构中，管理能力占据着非常重要的地位，因此用人单位很重视体育产业人力资源的管理能力。对于体育产业人才而言，具备一定的管理能力是非常必要的，因为当前体育产业的很多工作都是团队共同完成的，具备一定的管理能力有利于提高团队的整体协作与工作能力。同样基于此背景，体育产业的发展还对相关人力资源的社交能力提出了很高的要求，因此在培养规格的制定中也要注意这一方面的能力。

第五，21世纪是信息时代，这就对体育产业人力资源的信息获取、分析及处理能力提出了较高的要求，只有具备这几方面的信息能力，才能够更准确有效地完成各项工作。

在对体育产业人力资源培养规格进行明确时，应详细了解与深入分析社会需求，即在贯彻社会需求导向原则的基础上进行明确。在对不同类型人力资源的培养规格进行明确时，必须与市场需求保持协调一致发展。就目前来看，面向第一线的应用型人才是现阶段我国体育产业市场所需的一类重要人才，理论基础知识丰富、技能水平较高是对应用型人才的基本要求。在贯彻社会需求导向原则的同时，还要注意对通才教育的不断强化。不同类型体育产业人力资源应满足不同的规格要求，所以要有针对性地制定培养规格。然而，不管是什么类型的人才，人才素质的基本结构是没有区别的，是相同的，因此强化通才教育很有必要，通过通才教育来培养人力资源的基础知识素养和综合能力，从而为其今后的发展奠定良好的基础。通才教育不但能够对人力资源的基础知识素养进行培养，还能够培养人力资源的能力，特别是知识应用能力和技术应用能力，在生产、服务及管理中运用这些能力具有重大的意义。最后还需强调创新能力的培养，体育产业人力资源在掌握基本知识，具备基本能力后，还需重点对其创新能力进行培养，这是其可持续发展的关键性能力，也是其处理难题和工作的有力武器。

2. 科学进行课程设置

体育产业人力资源培养机构必须明确一点，即不存在一成不变的课程设置方案，因为体育产业在逐渐发展，体育产业市场对人才的需求在日益变化，这就需要不断调整课程方案，调整培养内容与方法，如果不及时进行调整，培养出来的人力资源将很难适应社会发展，很容易就被社会淘汰。此外，不同地区的体育产业发展情况不同，体育产业不同领域的发展特点不同，因此要对不同的体育产业人才进行培养，这也是要求合理调整课程设置方案的主要原因所在。可见，体育产业的发展现状、市场需求、不同区域与领域的发展情况等都是调整课程设置的主要依据。

体育产业人力资源需要学习的课程知识主要有计算机、外语、科学研究方法、经济学、管理学、统计学、会计学、高等数学、法学、体育产业概论、市场营销学、俱乐部管理等。在进行课程设置时，要结合一定的标准对课程的类型进行划分，一般将这方面的课程划分为以下几种类型。

（1）公共课

不管是体育产业哪个领域的人力资源都必须学习公共课程知识。虽然这一类型的课程与体育产业的关系并不是很密切，但是其能够对体育产业人力资源的基本素质进行培养，能够为人力资源学习其他课程奠定基础。

（2）基础课

体育产业不同领域的人力资源都要对与本专业相关的基础理论知识和基本技能进行学习。

（3）专业基础课

体育产业人力资源在这一课程中需重点学习并掌握专业知识和专业技能。

（4）必修课

体育产业各个领域的人力资源必须学习的课程就是必修课，开设该课程是培养人力资源的根本保障。

（5）选修课

体育学生在了解自身需要的基础上可对一些非必修课的课程进行选择性学习。当前，体育专业的大学生在选择选修课方面表现出了浓厚的兴趣，学生多方面的课程知识有利于学生的全面发展，也有利于其在体育产业领域能够更好地发挥自己的作用，充分实现自我价值。

**3. 丰富培养方式**

当前,体育产业对相关人才的需求量很大,而且对相关人才的质量、类型等都提出了很高的要求,这就需要人才培养机构采取多元的有效方法来开展培养工作。然而,当前我国在培养体育产业人力资源方面所采用的方式比较单一,即主要依托学校教育进行培养,虽然这一培养方式取得了丰硕的成果,但如果单单依靠这一途径,是很难满足体育产业发展需求的。因此,我们应不断开拓新的培养途径,采取多元化的模式与方法来对体育人才进行培养,从而充分满足体育产业市场发展对人才的需求。

## 三、体育产业人力资源培养对策

### (一)加强政府统筹协调,对良好的政策环境进行营造

企业等用人单位是体育产业人力资源的需求方,需求方一般对本单位需要的人才提出的要求非常高,也很严格,但从当前来看,这些用人单位并没有在人才培养方面投入相关的资源,这就严重影响了其自身的发展。面对这一情况,必须加强政府的统筹协调,发挥政府的宏观调控功能,对产、学、研合作的良好政策环境和执行环境进行打造,从政策上大力支持人才培养,并鼓励企业、高校和科研单位发挥自己的优势与作用,共同为体育产业人力资源的发展而付诸努力。

### (二)通过学校教育对体育产业人力资源进行全面培养

学校教育是当前我国体育产业人力资源培养的主要方式,学校在具体的人才培养过程中,需注意以下几点。

1.学校是体育产业人力资源的重要供给方之一,其应以体育产业市场需求为依据来对人才培养的具体目标进行制定,从而培养与市场需求相符的人才。

2.学校应加强体育产业课程专业建设,增设新课程,以全面培养体育产业各个领域的人才。

3.学校在培养体育产业人才的过程中,要特别注意对学生的信息能力、社交能力、管理能力以及创新能力进行培养,这样才能使学生真正成为能够服务于体育产业的重要人才。

4.在对体育生产研发人才、管理人才等进行培养时,需强化学历教育,这在我国已经是一种新的人才培养趋势了,所以学校应顺应这一趋势,科学建设资格认证制度与在职培训制度。

5.学校应随着体育产业的发展而加强体育产业课程的教学改革,全面促进课程质量的优化与提高,从而大力提升体育产业人力资源的培养效果。

6.学校在对人才进行考量与评价时,采取的主要方式就是考试,在这一方面,学校应

不断丰富考试内容，改革考试形式，促进考试质量的提高。

7. 高校在对体育人才进行培养时，所采取的学制主要是学分制，其得到了有关部门的认可，但在运用这一学制的过程中，应注意应与学时制相结合。

8. 学校应特别重视对应用型体育产业人才的培养，在开展专业教育的同时鼓励学生通过选修课来学习更多的知识，从而推动其自身全面发展。

9. 高校是培养体育产业人才的主要机构，其中既有综合性大学，又有体育院校，不同类型的高校在人才培养方面发挥的作用不同，二者应加强沟通与协调，充分发挥自身的优势，对高质量的专业人才进行全面培养。

10. 当前，我国体育产业人力资源供求关系紧张，呈现出供不应求的局面，对此，学校应积极开设就业指导与职业生涯管理课程，以帮助学生对用人单位对人才的需求情况进行了解与跟进，帮助学生规划自己的职业，这对供需方矛盾的缓解具有非常重要的作用。

### （三）借鉴国外在体育产业人力资源培养方面的经验

通过调查国外培养体育产业人力资源的情况后了解到，国外在人才培养方面呈现出了下列几方面的特征：根据市场需求培养人才；在人才教育中提高规范化要求；同时开展理论与实践教学，且在选用教学内容时贯彻与时俱进的原则。

国外在培养体育产业人才方面所呈现出来的这些特征对我国具有很好的借鉴作用，积极主动地借鉴国外的成功经验和科学培养方法，对国外体育产业人力资源培养模式的规律进行全面掌握，有益于我国科学构建体育产业人力资源的培养模式，并有利于该模式的顺利实施。具体来说，我国可借鉴的先进经验有以下两个方面。

其一，要立足我国国情来构建体育产业人力资源培养模式，并依据我国实际情况对该模式进行改革与完善。我们要清楚地认识到，唯一正确且普遍适用各国的道路是不存在的，如果不在立足于我国国情的基础上片面借鉴他国的做法，必然将会带来严重的后果。

其二，高校要科学制订并严格实施教育培训计划，这在体育产业人力资源的培养中非常重要。如果高校不注重这一点，没有对人力资源培养模式进行科学构建，就难以向用人单位提供满足市场需求且能够推动体育产业发展的专业人才，这样高校在人才培养方面的影响力也会降低。因此，高校应积极制订人才教育与培养计划，科学构建培养模式，努力向社会提供更多更优质的人才，这样高校教育的价值才能体现出来。

## 四、体育产业人力资源开发策略

我国体育相关企业中员工、管理层的发展情况以及绩效改进情况能够在一定程度上反映出我国体育产业人力资源的开发状况，下面就从这几方面来进行分析。

## （一）体育产业企业员工的开发现状

体育产业人力资源队伍中，数量最多的资源群体就是相关企业中的员工。体育产业人力资源的开发程度与水平可以从体育企业员工的发展状况中直接反映出来。要了解体育产业企业员工的开发与发展现状，就应该对其在企业中的基础培训、技能培训情况进行调查。为了获得这方面的相关信息，我们专门对38家体育产业企业进行了走访与调查，调查结果与分析如下。

1. 企业员工基础培训情况

从企业员工第一天去企业上班开始，就应该对其进行开发，初次开发主要就是对其进行教育与培训，使其对企业的文化、理念、规范要求等进行了解，并接受企业的这些基本情况。本质上来说，这也是企业员工的组织社会化过程。为了使新员工能够对企业和岗位情况有所了解，使其在新的工作环境中快速适应，企业需对各种培训教育活动进行开展，如入职培训、角色定位培训等。

（1）入职培训

通过调查发现，我国很多体育企业对员工的基础培训都不是很重视，调查的38家企业中，针对新员工开展入职培训活动的企业只有11家，占到总的28.7%，这些企业开展培训活动主要是为了使员工对本企业的理念、文化、工作流程等能够尽快了解；没有对新员工进行入职培训的企业有27家，占到71.3%。

（2）角色定位培训

除入职培训外，角色定位培训也是促进员工组织社会化的主要途径，调查发现，对新员工进行角色定位培训的企业只有13家，没有开展这一培训工作的有25家，开展与未开展的比例分别占33.3%、66.7%。对新员工进行角色定位培训，主要是为了使新员工了解本企业的组织结构和自己的岗位职责。

2. 企业员工专业技能培训情况

（1）培训次数

企业在对员工进行培训的过程中，专业技能是重点培训内容，不同企业对员工专业技能进行培训的次数不同，这反映出不同企业在这一方面的重视程度不同。通过调查我国部分体育企业对员工专业技能进行培训的情况后了解到，体育企业每年对员工专业技能进行培训的次数达到5次以上的没有；每年培训3次的企业最多，有15家，占到39.5%；每年培训2次的企业有13家，占到总比例的34.2%；每年培训5次、4次的企业分别有2家和6家，分别占5.3%和15.8%；此外，还有2家企业每年仅培训一次，占到5.3%。

经过进一步调查了解到，每年对员工专业技能培训次数能够达到5次的企业主要是健身娱乐业的企业，这说明我国很重视健身娱乐业的发展。

（2）培训方法

在体育企业对员工进行培训的过程中，培训方法至关重要，这对最终的培训效果有直接的影响。当前，我国许多体育企业采用的培训方法都比较单一陈旧，以基于教室情景的培训方法为主，如讲授法、讨论法等，有些企业也结合采用了一些比较新颖的方法进行培训，如游戏法、仿真模拟法等。但是，大多企业很少用与多媒体、网络技术相结合的方法来进行专业技能培训。

3. 员工外部培训情况

体育企业在进行人力资源的开发过程中，不仅要从企业内部出发，而且通过开展一些活动来对员工进行相关的培训，还应鼓励与支持员工接受外部培训，即让员工到高校及社会相关培训机构进行深造，这样员工才能对专业技能有进一步的了解与掌握，员工的专业能力和素质才能得到全面提高，也才能更好地发挥自己的作用与价值。

通过调查发现，体育企业中员工进行外部培训的比例很小，培训比例在30%以上的企业一家都没有；培训比例在20%和30%之间的企业只有1家，占2.7%的比例；在10%和20%之间的企业有13家，占34.2%的比例；培训比例在10%以下的企业最多，共24家，占63.1%的比例。

虽然企业员工进行外部培训的比例并不高，但是经过进一步的调查可以了解到，对于员工进入高校或其他培训机构参与专业技能培训的行为，企业是很支持的，也是鼓励的，很多企业都认为这是促进员工职业修养提高的一个重要方式。

## （二）体育产业企业管理层的开发现状

在体育产业人力资源开发过程中，要特别重视对管理层的开发。从最初出现工商企业开始，选拔、培养和培训管理人员就备受企业重视。管理者在一定程度上掌握了企业的未来，在市场竞争日趋激烈的今天，企业的成败往往取决于管理人员的素质，对企业而言，最重要、最宝贵的人才莫过于管理人才了。相对来说，我国体育产业管理方面的人力资源是比较稀缺的，企业只有不断对管理者进行充分的开发与培养，才能提高本企业的竞争力，才能在激烈的市场竞争中占据一席之地。

1. 管理层专业背景情况

当前，我国体育产业领域中，很多企业的工作人员，特别是中高层管理人员都缺乏体育专业背景，也就是非体育产业的相关专业出身，如体育学专业、体育经营管理专业等。体育场馆业中的一些管理者以前学的是工学专业；体育旅游业中的一些管理者以前学的是史学专业；体育用品销售业中的一些管理者以前学的是理学专业，这种情况非常普遍。总之，体育产业企业的管理层中，专业科班出身的人很少，跨专业的人很多。

据统计，我国体育产业企业的高层管理者中，之前是学习管理学或经济学专业的很少，仅有21%的高层管理者是管理学专业出身，19.3%的高层管理人员是经济学专业出身，9.1%的高层管理者是具有体育产业经营管理专业背景的。与高层管理者相比而言，中层管理者中之前学习管理学专业或经济学专业的人数稍微比较多，如有37.5%的中层管理者是管理学专业出身，25.6%的是经济学专业出身，但这一管理队伍中，体育产业经营管理专业出身者所占的比例不及高层管理者，仅有6.2%的中层管理者拥有这一专业背景。此外，体育产业中，技术科研人员大都是体育教育类专业出身，这一专业背景与其职业需求还是比较一致的。

2. 企业管理培训情况

体育产业企业在对管理人员进行开发的过程中，其经常采用的一种方法就是管理培训。企业的管理培训一般以脱岗培训开发为主，即接受培训的管理人员可以在企业内部设立的培训中心进行学习，进而使自己的管理能力与领导才能达到更高的水平。

通过调查体育产业企业是否设立管理者培训中心的情况后了解到，管理培训并没有得到企业的重视，在接受调查这些企业中，设立管理者培训中心的企业仅有2家，只占到总数的5.3%，而没有对管理者培训中心进行设立的企业达到94.7%。已设立培训中心的企业很重视对管理层的培训，并以先进的理念和新兴的培训方式（商业模拟、敏感性训练等）来开展管理培训方面的工作，最终取得了满意的培训效果。

### （三）体育产业企业的绩效改进状况

体育产业企业要想使员工个人和整个组织的绩效有所提高，进而深入开展人力资源开发工作，就应该对企业绩效管理系统进行构建，并有效开展绩效管理工作。绩效管理这个工作非常复杂，而且是一个长期的过程，在体育产业人力资源开发中，有些员工知识面较窄，技能水平也不高，于是这就容易引发绩效管理问题。此外，管理者或组织本身也是引发绩效管理问题的重要因素，如管理者对员工的激励不足、企业组织环境较差等。下面主要就从企业激励制度情况和员工反馈途径两方面来对我国体育产业企业的绩效改进状况进行分析。

1. 企业激励制度情况

企业是否注重对员工的激励，采用什么方法对员工进行激励，这些都会直接影响员工工作的积极性和工作热情的维持。现在，员工选择企业时，除了考虑薪酬外，还会对企业的工作环境、自己事业的前途等进行考虑，因此，如果企业仅仅通过物质来对员工进行激励，是很难满足员工发展需求的。

通过调查我国体育产业相关企业的激励制度情况后了解到，激励方式单一的问题在很多企业中都普遍存在，大部分企业只是通过物质手段来对员工进行激励，如增加薪酬，给予好的福利等，选择这两种物质激励方式的企业占大多数；通过为员工提供培训机会和升职空间的方式来对员工进行激励的企业并不多，故而这样其实就难以使员工的工作积极性维持较长时间了。

2. 员工反馈途径

在体育产业人力资源开发与管理中，要特别重视员工与领导层的沟通与交流，注重员工的意见反馈，这对管理效果的提高非常有利。企业如果可以对员工的反馈途径进行充分的改善，那么就可以对企业人力资源的潜力进行最大程度的挖掘，同时能够促进企业生产率的提高和发展目标的实现。

通过对我国体育产业部分企业中员工的反馈方式进行调查后了解到，企业在人力资源的开发与管理中，并没有高度重视员工与管理层的沟通及交流，定期进行员工意见调查反馈的企业并不多，很多企业都不关心员工的意见。与体育产业企业相比而言，体育事业单位对员工的反馈就很重视了，员工可以通过局长信箱、网络等途径进行信息反馈，这也是体育事业单位在人力资源开发与管理方面能够取得良好效果的主要原因。

通过进一步调查定期进行员工意见调查反馈的企业后发现，企业采取的调查反馈方式比较多，如绩效报告、公告栏、网络等都是主要的反馈途径。在所调查的企业中，有11家企业选择了企业内部公告栏这一反馈途径，排在第一位；有7家企业选择了管理者面谈，6家企业选择了绩效报告，分别排在第二位和第三位；选择企业内部网络公告和专人走访、开会交流等其他方式的企业分别有4家和3家。

### （四）体育产业人力资源开发的问题分析

1. 投入不足，企业对员工培训与发展不重视

人力资本存量累积到一定程度就形成了人才资源，在当前投资，在未来取得收益是人才资源开发的显著特点。对于企业而言，提高员工的劳动生产率是其对员工进行培训的最终收益。但是，通过调查后了解到，我国体育产业领域的相关企业在人力资源开发方面缺乏一定的资金投入，并没有充分重视对相关专业人才的培养，也不注重员工的长远发展。此外，通过访谈还了解到，企业大都只给领导阶层提供培训机会，对基层人员的培训毫不关心，漠视基层员工在企业中的地位，因此导致基层员工的培训意愿和需求得不到满足。造成这些问题的一个主要原因是人才开发与管理观念落后，很多企业的领导者都普遍认为体育产业的发展与基层人员关系不密切，所以对基层工作者的要求比较低，认为投入大量的资金来培养基层工作人员是没有必要的，甚至是浪费的，这一传统落后的观念导致企业不注重对人才培训体系的构建与完善。

体育产业发达国家的企业十分注重对员工的开发与培养，在培训员工方面呈现出明显的系统性、连续性和针对性特征，因而其也取得了良好的培训效果。但我国的体育企业之所以对员工进行培训，主要是为了应急，不重视系统、连续地培养员工。因为培训不系统，

没有整体的规划，所以效果也不理想。此外，企业在对员工进行培训的过程中，重点对专业知识和技能展开培训，而对思维、心理的培训没有予以一定的重视。知识培训是为了拓展员工的知识面，更新员工的知识库，技能培训是为了加强员工的专业技能，思维培训是为了促进员工思维的创新，心理培训是为了提高员工的心理素质，如果只重视知识与技能的培养，而忽视后两者的培养，将会影响员工的全面发展。从培训方法来看，课堂培训是主要方式，其他形式的培养途径很少采用，这就使得员工在参与培训的过程中表现出一定的被动性。

2. 人力资源管理开发体系还未完善

当前，我国在体育产业人力资源开发方面存在的一个明显缺陷就是人力资源开发体制不够完善，管理开发体系还不够健全。对管理人员进行选拔、培养历来都受到了体育产业企业的重视，因为企业领导者清楚地知道，随着市场竞争越来越激烈，管理者在企业中的地位也越来越重要，可以说，企业能否在市场竞争中立于不败之地，并长期占据优势地位，一定程度上取决于管理者这一最宝贵的人力资源。构建体育产业人力资源管理开发体系需要从三个方面进行，即管理教育、管理技能培养和在职体验开发。但是通过调查与分析可知，我国体育产业中很多企业都未建立科学合理的人才管理开发体系，或已经建立好管理开发体系的企业存在着体系不够完善、操作不规范等问题，这就严重影响了体育产业人力资源的开发与培养效果。

3. 外围环境存在一定的问题

现阶段，我国体育产业人力资源市场的成熟度较低，科学健全的人力资源开发市场体系还未建立起来，人才市场中普遍存在着人才区域所有、单位所有、部门所有等不良现象，且严重缺乏高素质人才。要想使体育产业人才的聪明才智得到充分发挥，需先保证其可以在人才市场中自由流动，但是目前我国体育产业人力资本流动的成本比较高，甚至超过了预期的收益，这就造成人才不愿也不敢流动的问题发生了。

### （五）加强体育产业人力资源开发的策略

1. 以高校为主体，对多层级的教育开发体系进行构建

（1）按体育产业人才规格对高等教育课程进行设置

体育产业的发展情况决定了体育产业人力资源必须达到的最基本要求是，对体育的独特性要有所掌握，懂得如何运用体育平台来进行市场经营与管理。随着体育产业的不断发展，其需要越来越多元化的人才，特别是复合型人才，即要求体育人才能够具备多方面的能力。体育产业的发展要求体育产业人力资源能够"一专多能"，这是对其知识结构的基本要求，意思是体育人才不仅要对体育产业基础理论知识和市场经营管理能力进行掌握，还要对其他相关专业的知识有一定程度的了解，这样才能与社会发展的需求相符，才能顺

应体育产业的发展趋势。所以，高校在对体育产业课程进行设置时，可分四个层次进行设置，即公共基础课程、体育产业专业基础课程、体育产业专业核心课程、职业迁移模块选修课程。

（2）加强实践教学

高校在体育产业课程教学中，必须强化实践教学，适当增加实践教学的比例，从而促进大学生实践运用能力的提高。实践教学体系主要包括以下两个部分。

在课内实践教学过程中，授课教师应多采用启发式的模式来展开教学，从而有效地启发学生的思维与创造力。此外，学校也应随时关注体育产业的热点问题，并针对相关问题组织讲座，以此来达到与时俱进的教学要求。

课外实践主要包括两个方面的内容：专业实习和社会调查。在专业实习方面，高校应对相对稳定的专业实习基地进行建设，教导学生如何在体育产业经营管理实践中灵活运用所学专业知识，进而促进大学生分析与解决问题能力的不断提高。在社会调查方面，授课老师应先对调研目标和计划进行制定与明确，然后再给学生分配调研任务，学生在调研过程中，必须到体育产业相关公司中做深入的调查与研究，最后要将调研报告交给教师。通过调研，学生要能够对所调查公司中的一些实际问题进行解决与处理。

2. 以企业为主体，为体育产业人力资源开发营造良好的微观环境

体育产业的重要载体就是相关企业，因此对体育产业人力资源的开发离不开企业的参与。

（1）对人才招聘录用体系进行科学制定

在体育产业人力资源开发与管理的过程中，最基本的工作就是招聘与录用员工，此外，配置与使用人力资源的前提也是招聘录用，只有先做好这一工作，才能建设企业人才队伍，才能为企业的长远发展提供人力保障。可以说，企业的成败与招聘工作有直接的关系。

企业对招聘录用体系进行科学建立，有利于更有效地开展人力资源开发与管理工作。针对当前我国体育产业人力资源的开发现状，在对招聘录用体系进行构建的过程中，需做好以下三个方面的工作：详细且深入地分析人员净需求分析与员工职务；高效开展人才招聘、选拔和录用的工作；对已录用的新员工做好培训工作。

（2）对科学的人才培训体系进行构建

体育产业企业在对员工培训体系进行构建时，需重点从以下三个方面着手。

其一，立足整个过程。立足全过程就是从员工进入企业第一天开始到其离职或退休的整个过程中，始终都要贯穿企业培训。

其二，多样化的培训形式。企业在对员工进行培训时，应采取多样化的培训形式，在开展内部培训的过程中不能忽视外部培训的重要性；在"请进来"的同时也要鼓励员工"走

出去",为员工提供外出培训与学习的机会。

其三,突出培训重点在对体育产业人力资源进行培训的过程中,必须根据企业经营的实际情况突出重点,一般来说,体育产业经营管理类的人力资源是重点培训对象。

3. 以政府为主体,科学构建体育产业人力资源流动体系

(1)对人力资源的流动制度进行完善

在市场经济背景下,只有明晰劳动力产权,实现劳动行为的主体化,才能促进人力资源的市场化和社会化发展。对此,我国政府可以从以下几方面来对人力资源的流动制度进行完善:从宏观上对人力资源的流动进行调控,制定相应的调控政策和管理条例;加强对流动人员档案的建立和管理,并严格规范每项工作的程序;对兼职制度做进一步的规范,促进内部管理效率的提高;为了消除流动人员的后顾之忧,可适当调整社会保险制度,使社会保险能够更加统一。

(2)加强法制建设

在加强体育产业人力资源法制建设的过程中需做好以下几点:其一,建立有关人力资源的招聘、流动、辞退等法规,并加以完善。这有利于企业更好地进行人力资源的优化配置,也有利于使企业的合法权益受到保障。其二,对体育产业人力资源市场行为严格加以规范,促进体育产业人力资源交流机构及中介服务机构的健康有序发展。

## 五、体育产业人力资源管理的创新与发展机制

### 我国体育产业人力资源管理的创新与发展机制及实现路径

1. 重视人力资源的转化,长期培养人力资源

对社会体育人力资源进行全面开发与充分利用,以高校为载体对体育人才进行培养,以社会需求为依据对体育人才培养的层次与规模进行确定是实现长期有效供给体育人力资源且促进人力资源高效转化的主要途径。此外,为了实现这一目标,还要对发达国家在培养与管理体育人力资源方面的成功经验进行借鉴,从而促进体育产业人力资源管理质量的不断提升。而为了达到这一点,在本科教育时期可以将一些研究性的科目与课程提供给学生,以便促进学生体育运动技能的提高与增强,为其后续的持续发展提供强有力的理论支持与保障。学校也可以灵活设置课程,根据现实情况开设一些具有实用性的体育课程,以培养大学生的体育实践与应用能力。

2. 加大对稀缺人力资源的建设力度

目前来看,我国比较缺乏社会体育人才和体育科研与管理类的人才,如果可以充分培养与训练这些人才,就可以有效推动我国体育产业的发展。面对体育产业人力资源紧缺的

问题，需加大体育产业人力资源建设。当前，我国总人口中，体育人口所占的比例大约为40%，可见我国体育人口规模是相当庞大的，大规模的体育人口对社会体育指导员的培养规模提出了一定的要求，如果体育指导员的数量无法与体育人口数量相匹配，将会影响我国体育人口的增加。当前，我国仅有50万左右的体育指导员，这一规模与体育人口规模严重不匹配。

随着高科技的不断发展，将科技元素引入体育产业领域的现象也越来越普遍了，不管是在组织竞技体育活动和大型体育赛事上，还是在开发与制造体育运动产品上，高科技元素无处不在，高科技与体育产业融合度的不断提高的时间要求有相应规模的体育人才来充分运用这些高科技，并能够参与体育科技的研发工作，为了适应科技发展的需求，我们需对这些专业人才进行专门的培养。

3. 遵循市场规律，优化配置人力资源

在市场经济体制下对体育产业人力资源进行优化配置，需以科学发展观为指导，需对市场规律严格加以遵循，需对市场在资源配置方面的优势进行充分运用。此外，在对体育产业人才进行优化配置的过程中，还应该以社会需求为依据，对具有中国鲜明特色的体育产业人力资源市场进行开发。在这一过程中，要充分发挥政府部门的作用，将更多、更便捷的渠道提供到体育产业人力资源的配置中，要通过丰富有效的方式吸引投资，使体育产业拥有更多的社会资本，同时还要对体育产业人力资源管理和服务的领域进行扩展，这样体育产业人力资源市场才能被顺利开发，并得到一定的完善。只有这样，才能实现体育产业人力资源的优化配置，才能促进体育产业人力资源质量的提升与结构的优化。为了顺利达到这一目标，还需要对市场的信息反馈功能进行充分的借鉴，以此来全面把握体育产业人力资源需求的变化动态，从而促进体育产业人力资源管理水平和效果的提高。

# 第三节　政策支持与中介服务支持体系的成熟

21世纪体育与经济的关系日渐密切，体育产业作为体育经济的主要内容，在全球产业结构调整过程中，表现出强大的发展势头，已经发展成为一些国家重要的支柱产业，每年都在以较快速度递增，不仅满足了公众娱乐需要，同时对经济的发展起到了一定的推动作用。体育产业的发展对于国内生产总值的增长，人民群众体育消费和劳动者素质的提高，乃至国家产业结构的调整、刺激和拉动需求等等都具有不可忽视的作用。因此，我们应该充分发挥体育产业的经济功能，努力实现体育的最大经济效益。然而，在中国式现代化建设中，国家对于体育产业结构的调整还不够完善，对于体育行业基本建设投资以及财政拨款更是远远不够，因此，需要通过发展有效的政策支持与中介服务支持体系来补充缺口，使其得到更好的发展。

## 一、政府支持体育产业多元化发展的动机

在商品经济高度发达的现代社会中，发展体育经济不仅是体育本身发展的必然要求，也是现代社会经济发展的要求。体育产业的发展不仅取决于体育市场的成熟和完善，而且还需要政府对其进行相应的扶持或指导。

### （一）体育产业多元化发展是经济与社会发展效益的统一

当前，世界高新技术飞速发展，全球范围内第三产业在经济增长中的地位日益显著。体育产业作为第三产业中的一个重要部分，近年来，在人类愈发坚持体育锻炼、推崇健康生活的大背景下发展得尤为迅速。世界上越来越多的国家和政府，都将体育产业及其产业群的发展放在其经济发展的蓝图之中。而在这些重视和积极发展体育产业的国家中，体育产业及其产业群均成为了他们经济增长的重要源泉，例如世界著名的运动品牌：耐克、阿迪达斯；著名的大型运动赛事经营：美国NBA、英超联赛等。在体育产业多元化内涵中，关于体育产业工业化、农业化、商业化和信息化的结合及体育产业集群化的功能，体现了体育产业多元化在经济发展中创造效益的范围和能力。体育产业通过体育运动及其相关活动、产品经营为支撑，成为国民经济中重要部分，具有和其他经济部门相同的性质——讲求经济效益，注重市场效益；同时，更具有区别于其他经济部门的特性——提升公民体质，促进文化生产，振奋民族精神，实现人的全面发展与社会文明进步的和谐统一。在许多文化与体育发展薄弱的国家与地区，大力发展体育产业、推动体育产业多元化的发展在文化功能和社会文明上的作用有时超越了经济上的作用，给他们的社会发展带来不一样的体验与收获。有鉴于此，许多在体育产业上发展不足、基础和经验处于空白状态的国家和政府纷纷采取多种策略加速体育产业的发展，以谋求通过体育产业的发展推动经济增长与社会发展的和谐统一、齐头并进。

### （二）体育产业多元化发展对当前我国经济政治文化社会发展的促进作用

改革开放以来，我国的体育事业得到了开放式的飞速发展。取其精华、去其糟粕，积极地引进来、走出去，使得我国的体育事业从以举国体制的方式投入竞技体育，发展到注重学校体育、社会体育、提倡全民健身，直至将体育事业产业化，体育产业多元化的发展方向。体育产业多元化的发展，对当前我国经济、政治、文化以及社会的进步起到了不可小觑的作用。

在风潮经济方面，随着中国申奥成功，"奥运时代"的到来在全国范围内催生了一股

体育旋风。全国人民以极大的热情投入到体育锻炼、体育事业的建设中去。因此使一大批与体育相关的生产企业如雨后春笋般成长起来，并逐渐显示出多元化的趋势，其中包括体育用品、体育设施、体育服装、健身俱乐部，等等。这一系列体育产业的发展，体育产业多元化的发展成了近年来国民经济增长的有力助力。

在政治方面，与20世纪70年代中美"乒乓球外交"相似的是，体育产业多元化的发展在体育产业发展的基础上更加深化了其政治功能。通过体育产业多元化的辐射作用，增加了我国与周边国家，乃至世界各国的政治交流，增加信任。更重要的是与体育产业发达、体育产业多元化发展水平较高的国家与地区政府加强沟通，亦有利于推动我国体育产业多元化的发展。

所谓"文体不分家"，体育事业与文化事业两者的发展是息息相关、相互促进的。体育产业多元化的发展有利于文化事业的繁荣，丰富文化领域的内涵，深化文化事业的改革和变化，体育产业多元化的发展更给文化产业的发展带来全新的思路和方向性的思考。

体育产业是社会关注度极高的焦点产业。随着经济生活的发展，人民群众对生活方式的选择以及对健康观念的更新促使体育产业向前发展，同时也对体育产业的多元化发展提出了新的要求。体育产业多元化在某种程度上也是一个社会化的过程，是体育事业社会化的体现，同时也对社会的发展起到正面的作用。

### （三）我国从体育大国向体育强国迈进的必经之路

从20世纪80年代以来，我国体育事业发展进入了快车道。到了2012年年底，我国的竞技体育在以往参加的8届夏季奥林匹克运动会上，共获得了201枚金牌，在参赛的国家中奖牌总数排名第2，仅次于超级体育强国美国。由此可以证明，我国在竞技体育上可以称得上"体育强国"。但是从真正意义上来说，我国只所以能称之为体育大国，而与"体育强国"还有一定的距离。

所谓"体育强国"，是一个对比、比较的概念，并没有固定的、定量化的评价体系。它是与其他国家的比较中做出的判断，是对一个国家体育发展总体实力的定性化评价。竞技体育的国际竞争力和群众体育的发展水平应当是衡量和判别体育强国的两项基本标准。体育产业、体育科教、体育法制、体育传播、体育管理和体育交往等构成了体育强国的支撑系统。体育精神、体育威望、国际体育话语权等是体育强国的软实力表现。由此可见，我国在向体育强国的目标前进的过程中，作为支撑系统首位的体育产业应作为体育强国的判断标准之一，而在体育产业发展中，体育产业多元化的发展必不可少，因此，体育产业及其多元化发展也是体育强国的必经之路。

## 二、政策支持与中介服务支持体系的发展

### （一）建立和完善体育产业发展的政策支持体系

体育产业政策体系是指与体育产业有关的各项政策的总和。体育产业是一个多门类、多层次纵横交错的产业系统。政策支持体系是体育产业发展支持体系中最重要的一个子系统，它是国家各级政府调控体育经济运行的最直接途径，也是对体育产业发展提供指导、支持与协调以及改善环境的一种重要的管理方式和实施机制。要想建立和完善我国体育产业发展的政策支持体系，提高体育产业自我发展能力，必须坚持体育产业的发展与我国经济和社会的发展相协调，与社会主义市场经济体制相适应。借鉴发达国家的经验和有益的方法，尽快建立和完善我国体育产业发展的政策支持体系。我国体育产业政策支持体系主要包括体育产业资产管理与开发政策、体育产业投融资政策、体育产业市场监督管理政策、体育产业税收政策、体育产业劳务价格政策、竞技体育产业政策、群众体育产业政策、体育场馆产业政策、体育教育产业政策、体育产业无形资产开发经营政策、体育产业基金经营管理政策、体育产业相关产业政策和体育产业内部政策等。

### （二）建立和完善体育产业发展的中介服务支持体系

在激烈竞争的体育市场环境中，体育产业要想迅速发展，必须集中体育产业有限的资源和精力发展其优势、核心能力和核心产品，这就需要有相应的体育产业中介服务与咨询支持系统的帮助和支持。体育产业中介服务体系建设应体现出以下几个特征：一是针对性。针对我国体育产业类型和特点提供所需的各种服务。二是专业化。国家要注重发展高水平、专业化、名牌体育产业中介服务，并积极引进国外高水平的专业化体育产业咨询公司。三是社会化。重视利用外部条件和资源将次要的或不具优势的业务外包。四是规范化。体育产业中介服务必须规范化，这是体育产业中介服务和咨询企业发展和参与竞争的前提条件，也是现代体育服务业的发展需要。五是虚拟化。网络的高速发展，使个体充分利用社会资源成为可能。体育产业的发展可以利用网络建立起网上咨询和网上贸易市场，从而实现体育产业中介服务的虚拟化。

## 第四节 大数据时代信息化技术的开发与运用

在现代体育产业高度发展的今天，体育与互联网之间的联系越来越密切，体育产业的信息化发展已成为未来的一大趋势。在未来的发展中，信息化对体育产业的发展将起到至

关重要的作用。因此，加强体育产业信息化的研究，构建一个科学的体育产业信息网站，加强体育产业的信息化运营对体育产业发展具有深远的影响。

## 一、信息化对体育产业发展的影响

在现代科学技术和信息化快速发展的今天，可以说信息化对任何行业的发展都产生了非常重要的影响，体育产业也不例外。信息化推动体育产业的发展是具有一定的科学机制的，研究信息化推动机制理论能更加深刻地了解体育产业信息化的内涵，从而能够更好地促进其发展。

### （一）信息化与体育产业信息化的概念

1. 信息化

"信息化"的思想是1963年1月日本社会学家梅棹忠夫在其发表的《论信息产业》论文中首先提出的，他在研究信息产业发展原因的同时提出信息化的问题。他预言，今后的人类社会是一个以信息产业为主题的信息化社会。

在我国，国务院主持召开了第一次全国信息化工作会议，明确了"信息化"的概念，"信息化"是指在国际统一的规划和组织下，在农业、工业、科学技术、国防及社会生活各个方面应用现代信息技术，深入开发，广泛利用信息资源，加速实现国家现代化的进程。

2. 体育产业信息化

目前，在体育界并没有一个统一、权威的关于体育产业信息化的概念，结合以上对"信息化"概念的理解，我们可以将"体育产业信息化"定义为：体育产业信息化是指在体育产业、体育科技、体育管理、竞赛组织、运动训练、全民健身等体育领域的各个方面，在国家统一规划和组织下，加速实现体育现代化，广泛利用信息资源，深入开发的一个科学化进程。

### （二）信息化推动体育产业发展的机制

1. 带动作用

大量调查与研究表明，现代信息技术的使用对体育产业的作用与影响巨大，能极大地带动体育产业的发展，总体而言，这种带动作用主要通过以下多个方面来得以实现。

第一，在现代科学技术快速发展的背景下，先进的信息化技术在电子政务方面的应用，直接推动体育管理部门由管理型向服务型方向转变，这一变革对体育产业发展具有深远的影响和意义。

第二，现代科学信息技术的应用能有效地改变传统体育工作方式，提高工作的效率。

第三，现代科学信息技术的应用能有效改善体育制造业的装备基础，通过对传统设备的改造后，不仅能制造出新的数字化体育健身产品，还能大大提高其生产效率。

第四，现代科学信息网络技术的应用能为体育产业的发展创造一个良好的环境。如目前国内的CBA、中国足球超级联赛等通过网络直播技术的运用，不仅方便了广大球迷观看比赛，而且扩大了赛事在全球范围内的影响力，这对于我国体育产业的发展是比较有利的。

2. 增值作用

现代信息技术的普及与发展极大地推动了体育产业的发展，对体育产业而言起到了重要的增值作用。所谓的增值是指在体育产业发展中，提高产品与劳务的附加值，扩大供给，增加财富，与传统的生产要素不同的是，信息化社会中的信息要素，其边际收益率会不断递增，能更快地推动体育产业经济的增长与发展。在现代网络经济快速发展的时代，通常情况下产品或服务的网络价值甚至比自身更重要，网络系统的层次越高，其价值就越大。在现代网络经济中，对信息的连续追加投资，不仅可以在一定程度上获得不菲的增值报酬；而且还可以获得一定的投资报酬。发展到现在，现代网络信息技术的应用已越来越频繁，现代社会已经进入了一个高度发展的信息社会。因此，在体育产业发展的过程中，为了获得增值与提高产业价值，体育产业经营管理者一定要充分认识到现代信息网络的优势，认识到网络信息的重要性，将现代网络信息技术充分应用到体育产业管理之中。

## （三）体育产业信息化对体育产业发展的影响

1. 体育产业信息化促进了全民健身运动的发展

随着我国市场经济的不断发展，我国国民经济水平近些年来得到了极大程度的提高，居民收入不断增加，生活水平得到逐步改善，这为人们生活方式的转变打下了基础。目前，在全民健身运动理念日益深入的今天，健康已成为人们的一种需要和追求。在休闲时间，人们都倾向于参加各种各样的体育活动来丰富自己的业余生活，在增强身体健康的同时还能陶冶情操。发展到今天，人们已不仅仅只是局限于简单的体育运动，而是对信息技术含量更高的体育运动产品有了更强的欲望，这对于整个体育产业部门的发展而言都是非常有利的。

对于体育产业部门而言，体育产品的研发、流通和消费是其核心，体育产业的发展要求所生产的体育产品必须能满足消费者的体育需求。在全民健身运动的推动下，我国体育产品业也迎来了发展的春天，各种生产体育运动产品的厂家大量涌现，各种体育产品也大量涌现出来。其中，在生产和消费领域中，信息化都起到了重要的核心作用，这具体表现在以下两个方面。

第一，生产体育产品的企业或厂家可以通过各种网络信息渠道了解体育消费者的各种需求，而对于消费者来说，也可以通过现代媒体来了解和掌握体育产品的性能等，以选择适合自己的体育产品。

第二，在现代科学技术快速发展的今天，信息技术的应用能有效地推动体育产品的创新与发展。发展到现在，人们更倾向于选择各种有氧运动产品，如跑步机、动感单车等，这些运动产品的使用能帮助人们更好地提高身体健康水平。而对于运动员而言，他们参加运动训练，对自己的身体状况、运动负荷能力等都需要有一个及时准确的了解，而现代信息技术的应用就能帮助运动员完美地解决这一问题。在新的时代背景下，在全民健身运动发展的今天，形成一个消费刺激生产，生产刺激消费的良性循环，对于体育产业的发展是非常有利的。

2. 信息技术的发展保证了竞技体育比赛的公正性

在科学技术还不发达的时代或者有一些特殊的竞技体育比赛项目，通过人的器官或简单的仪器进行测量，其结果是非常不准确的，这就难以保证竞技体育比赛的公平和公正。而随着时代的发展，现代科学技术的应用，使得测量仪器和设备都变得非常先进，能准确地记录和裁判出运动员的比赛成绩，有效地保障了竞技体育比赛的公正性和公平性。

3. 保证了大型体育竞技比赛的全球转播

随着现代网络信息技术的广泛应用，处在世界各地的人们都能通过网络同步观看各种各样的体育赛事，这种不受时空限制的体育比赛转播，充分满足了人们对体育运动比赛观赏的需要，刺激了人们对体育产品消费，因而对体育产业的发展具有重要的推动作用。

4. 帮助运动员提高竞技体育比赛的成绩

在竞技体育领域，信息科学技术的应用能为运动员提供准确、客观、真实的数据，帮助运动员提高自身的运动水平和比赛成绩。在信息技术运用的过程中，对运动员运动技术的分析是基于计算机多媒体技术基础之上的。首先，要进行运动员各种运动技术细节的捕捉，通常在某些环节上设置相应的传感器，通过传感器将捕捉到的信息传给计算机系统；其次，计算机系统处理捕捉到的原始点位，计算出传感器的运动轨迹，进而建立起研究对象的三维模型。这种科学的处理技术手段能使体育训练从纯粹依靠经验走向科学化，促进运动员技术水平的快速提高。

5. 有利于大型体育赛事的组织与管理

要想确保大型体育赛事的顺利进行，就必须要建立一个可靠的赛事组委会对体育赛事进行有效的组织与管理。在举办大型体育赛事时，受各种因素的影响和制约，赛事组织者管理水平的好坏将直接关系到赛事是否成功，如果管理得好效益就好，反之效益就差。如在体育赛事举办期间，竞赛日程的发布、竞赛门票的售出、竞赛结果信息的发布等都可以通过网络信息技术的运用来为人们提供及时的信息。而借助于互联网和网上银行电子手段，不仅方便了主办者，免去了劳动力支出，而且也为参赛者和观赛者提供了极大的便利，可谓是一举两得。可以说，现代网络信息技术已广泛地应用到各种体育赛事之中，如2016年巴西里约热内卢奥运会期间，通过互联网查阅竞赛信息人数达百亿人次，高峰时网络点击频率达几百万次每分钟。重大赛事时，住宿预定、交通路线、天气预报等信息，人们都能通过网络来获得。总之，各种网络信息技术的应用极大地方便了赛事组织者与参与者，便于体育赛事进行组织与管理。

6. 体育产业信息化对体育产业发展的作用机制

在信息技术快速发展的今天，体育产业信息化是一个不可逆转的趋势，体育产业信息化对体育产业发展的作用与影响将会越来越大。现代信息技术越发展，信息技术的含量就越高，将这些先进的信息技术科学合理地应用到体育产业中，能极大地推动体育产业的发展。而体育产业的发展，又能在一定程度上推动国民经济的发展。

## 二、我国现有的体育产业信息网站运营模式

运营模式是对企业运营管理过程的总体描述，是为实现企业运营目的而对人、财、物等核心资源运用方式的有机组合。我国现有的体育产业信息网站通过近年来的不断发展，已不断完善和健全。

### （一）网站分类

关于我国体育产业信息网站的分类，目前并没有一个统一的划分标准，其运营模式主要是以企业运营、行政单位与企业合作运营为主。一般来说，以网站功能为主要依据来划分，可以将我国体育产业信息网站分为以下几种类型。

1. 包含体育产业信息的综合性网站

包含体育产业信息的综合性网站，主要功能是发布各种体育产业信息和资讯，内容涉及各行各业。下面就简单介绍几种这类网站的运营情况。

（1）中国产业经济信息网

中国产业经济信息网由中国报协主管，域名为 http：//www.cinic.org.cn/，始建于1997年，是中国最大的行业信息发布网站之一。总体上来看，网站所拥有的"中国产经数据库"容纳了中国54家国家级行业媒体的信息数据200多万条。同时拥有每日1 500条左右的数据更新量，其内容包含国民经济各个部门、各个层面。

（2）中国经济信息网

中国经济信息网，简称"中经网"，域名为 http：//www.cei.gov.cn/，由国家信息中心组建而成，始建于1996年，是一个以提供经济信息为主要业务的网站，可以说是描述和研究中国经济最为权威的网站。

## 2. 体育行政部门官方网站

体育行政部门官方网站是电子政务的载体之一，主要是发布体育行政部门制定的相关政策、官方消息和新闻资讯等，其内容主要包括国家体育总局官方网站、各项目管理中心官方网站和各地体育局（部门）官方网站等。

（1）国家体育总局官方网站

国家体育总局官方网站，域名为http://www.sport.gov.cn/，由国家体育总局信息中心承办，实现政务公开、公共服务、在线办事以及与公众互动交流。本网站专门开设"体育产业"栏目，主要内容包括产业信息、产业理论、产业统计、46号文件专版、场馆运营、健身场馆等。

（2）国家体育总局篮球运动管理中心

国家体育总局篮球运动管理中心，域名为：http://lqzx.sport.gov.cn/，直属于国家体育总局，主要设置国家队保障部、运动队管理部、青少年管理部、综合部、竞赛管理部和社会发展部。其目的是指导篮球运动，推动篮球事业发展，组建国家队参加各级国际比赛，各级运动队建设，后备人才培养，项目注册管理，竞赛计划规程制定，裁判员队伍管理，竞赛管理与组织，教练员等级培训，反兴奋剂管理，相关科研，社会篮球开展，篮球商务开发。

（3）北京市体育局官方网站

北京市体育局官方网站，域名为http://www.bjsports.gov.cn/，由北京市体育局信息中心运行管理，主要负责发布各种政务信息、新闻资讯等内容，并提供各种网上办事服务，开设"体育业务"专栏，专门发布各种体育产业相关信息。

## 3. 体育协会官方网站

体育协会官方网站主要由中华全国体育总会官方网站、各地体育总会官方网站、各单项体育协会官方网站、各行业系统协会官方网站等组成，其主要目的是发布重要体育资讯和相关公告等内容，并对各种赛事的相关数据进行统计。

（1）中华全国体育总会官方网站

中华全国体育总会官方网站，域名为http://www.sport.org.cn/，由华奥星空（北京）信息技术有限公司提供制作及技术支持，主要发布协会公告、新闻资讯、政策法规等信息，专门开设"体育产业"栏目，发布体育产业相关信息。

（2）中国田径协会官方网站

中国田径协会官方网站，域名为http://www.athletics.org.cn/，由华奥星空（北京）信息技术有限公司提供技术支持和运营管理，主要任务是发布竞赛、训练、田径运动、马拉松等相关赛事信息和公告。其中，还专门开设"田径产业"栏目，提供行业动态、企业动态等内容。

#### 4. 体育赛事官方网站

体育赛事官方网站包括综合性运动会、单项赛事等体育赛事的官方网站，主要传播体育赛事相关信息，是体育赛事宣传推广的重要载体，发布官方通知、公告等，部分网站也支持在线报名，在线购买门票、体育赛事衍生品等产业。

（1）中华人民共和国第十三届运动会

中华人民共和国第十三届运动会（2017 天津全运会）官方网站，域名为 http://www.tianjin2017.gov.cn/，由中华人民共和国第十三届全运会组织委员会主办，北方网承办，网站主要发布各种体育新闻资讯、竞赛数据等信息，并提供各种在线信息服务，网站首页主要包含全运公告、全运新闻等内容。

（2）北京马拉松官方网站

北京马拉松官方网站，域名为 http://www.beijing-marathon.com/，网站主要发布有关北京马拉松的竞赛信息和相关新闻资讯等内容，除此之外，还对其合作伙伴和赞助商 LOGO 进行一定的展示。

#### 5. 门户网站体育频道

门户网站包含综合性的互联网信息资源，我国目前有腾讯、新浪、网易、搜狐四大门户网站，均开设了体育频道，且拥趸众多。以上几个门户网站体育频道的主要内容为体育相关的新闻资讯及体育赛事直播。

（1）腾讯体育

腾讯体育，域名为 http://sports.qq.com/，是 2013—2020 年中国奥委会唯一的互联网服务合作伙伴，主要提供体育相关的各类新闻资讯和体育赛事直播，涉及 NBA、CBA、中超、英超、西甲、德甲等多项体育赛事，是 NBA 中国数字媒体独家官方合作伙伴，创建了 CBA 数据库。腾讯体育可以说是中国人气最旺的门户体育频道之一。

（2）新浪体育

新浪体育，域名为 http://sports.sina.com.cn/，主要提供体育相关各类新闻资讯和体育赛事直播，涉及欧冠、英超、西甲、意甲、中超、亚冠、NBA、XBA 等多项体育赛事。

（3）网易体育

网易体育，域名为：http://sports.163.com/，主要提供各种体育赛事信息和体育转播，内容涉及国际足球、中国足球、综合运动等。

（4）搜狐体育

搜狐体育，域名为：http://sports.sohu.com/，主要提供各种体育信息和赛事转播，内容涉及国内、国际上各种赛事。

6.体育产业信息垂直网站

体育产业信息垂直网站，主要是提供与体育产业相关的深度信息和服务，一般情况下，这些网站提供的信息多具有很强的增值性，主要功能为资源对接和商务合作。目前，我国主要的体育产业信息垂直网站主要有以下几种，相比以上网站，这类网站的各项方面还不是很健全，需要今后加强建设。

（1）中国体育资讯网

中国体育资讯网，域名为http：//www. sportinfo.net.cn/，是国家体育总局体育信息中心建立的专业性体育信息传播网站，主要面向群体为运动训练与竞赛部门、体育科研与教学单位、体育中介机构、新闻媒体、体育经营企业，实行会员制，提供的信息内容主要包括：大众体育数据库、体育成绩数据库、体育管理数据库、运动训练数据库、体育产业数据库、中国体育法规数据库等大型数据库；竞技体育信息、中外群众体育信息、体育产业信息、里约奥运信息、体育用品信息、水上项目信息、运动员保障动态、体操信息；专题报告和科研论文。

（2）华奥星空网

华奥星空网，域名为http：//www. sports.cn/，由北京华奥星空科技发展有限公司建设和运营，网站主要提供竞技体育、体育产业、群众体育等新闻资讯，还提供了各种体育旅游业务，包括体育赛事门票和体育赛事旅行等内容。

（3）中国体育产业信息网

中国体育产业信息网，域名为http：//www. sportsii.cn/，由宏育（北京）科技发展有限公司建设和运营。中国体育产业信息网主要面向企业客户，实行会员制，整合体育资源，促成交易，是一个体育产业资源的交互平台。网站主要提供体育新闻资讯和各种信息增值服务。

（4）虎扑体育网

虎扑体育网，域名为https：//www. hupu.com/，由篮球论坛起家，网站主要提供篮球、足球、网球等各项目的信息。虎扑创建了中国最大的体育类垂直社区——虎扑体育社区，深受体育爱好者的喜爱。

## （二）栏目设置

在网站建设中，首先映入访问者眼帘的就是栏目设置，栏目设置是网站最直观的体现，可以说它是网站的大纲，不同主题与功能的网站，其栏目设置都存在着一定的差异。在体育产业信息网站建设中，栏目设置能把最直观的、能直接反映体育产业信息的内容、类别等推送给客户，从而为网站运营模式奠定初步基础。一般来说，网站的栏目设置要以客户的需求和使用习惯为基础,这就需要网站负责人员进行相应的调查与分析以确定栏目设置的模式与风格。

目前,在我国现有的体育产业信息网站中,其栏目设置主要围绕体育产业信息本体内容,并从信息资源增值的角度出发,重视栏目交互性与交易性的特点来进行设置,呈现出多样化的趋势。

### (三)技术支持

技术支持是网站建设中重要的组成部分,技术支持的主要任务是帮助建设者提升网站建设和运营的效率,借助各种互联网技术工具,完善网站相关建设。因此,网站技术是体育产业信息网站建设中必不可少的重要因素,它是实现网站基本功能的必要条件,缺少了网站技术,网站的建设与发展就会受到直接的影响。因此,在体育产业信息网站建设中,一定要将技术支持摆在重要的地位,充分运用好各种技术工具,完善和健全网站的建设。

1. 云计算技术

在现代信息技术发展中,云计算技术的应用非常广泛。云技术能够将网络与应用整合为一体,更好地为客户提供服务。另外,云技术还能保存各种数据。一般来说,云计算主要有两层含义,即云平台和云服务。云平台是提供资源、动态可扩展性的网络。云服务是基于底层基础设施的抽象,拥有扩展和灵活的服务。云计算是并行计算、分布式计算和网络的融合与发展。总体来说,云计算技术就是通过将各种用户所需要的资源进行共享,以实现数据的传递,具有很强的实用性和操作性,因此在体育产业信息网站运营与建设中,云技术的应用是少不了的。

2. 数据库技术

(1) 知识库系统

发展到现在,现代化的人工智能已经发展到一个较高的水平,而将人工智能与数据库技术相结合,就形成了一个知识库系统。通过知识库系统的应用,能实现很多人力所不能完成的工作,极大地提高了工作效率。

(2) 分布式数据库系统

由不同计算机数据组成的数据库系统被称为分布式数据库系统,在这一系统中,每台服务器都有自己独立的数据库系统对数据进行处理,能满足使用者的日常需求。

(3) 主动数据库

主动数据库是指能够对紧急情况进行迅速反应的数据库,而对紧急情况进行被动反应的则称为被动数据库。由被动向主动的转变,是数据库管理系统提高的标志,信息数据主动化的处理能使得网站管理更加高效,保证网站的稳定运行。

### （四）我国体育产业信息网站的主要特征

在我国体育产业信息网站发展的过程中，得到了国家体育总局、社会各企业的大力支持，这为体育产业信息网站的建设和运营奠定了良好的基础。目前，我国体育产业信息网站的建设与运营状况良好，取得了初步的成效，但从整体上来看仍然处于初级发展阶段，还需要进一步发展。当前我国体育产业信息网站表现出以下几个特征。

1. 整体处于初级发展阶段

总体上来看，我国体育产业信息网站已初具规模，进入了一个良性发展的轨道，但仍然处于初级发展阶段，其发展势头是良好的，具有极大的发展潜力。具体来看，我国体育产业信息网站在网站定位、网站内容、网站管理方面普遍存在着一些问题，整体上缺乏核心竞争力，传播方式比较单调，各类体育产业信息网站主要在其中充当信息库的角色。除此之外，目前我国体育产业信息垂直网站数量还不多，其服务水平也需要进一步强化和改善。

2. 门户网站体育频道发展迅速

近年来，随着我国竞技体育以及全民健身运动的不断发展，我国各门户网站的体育频道也迅速发展起来，目前我国的四大门户网站腾讯、新浪、网易、搜狐均开设了体育频道，并且受到了体育爱好者的交口称赞。以上几个门户网站的体育频道每天都会及时更新各种体育新闻，成为体育爱好者获取体育相关信息的主要途径之一。相对于其他体育产业信息网站而言，门户网站的体育频道信息采集和频度较快，传递信息及时并且能跟受众形成良好的互动，因此它们在我国体育产业信息网络化进程中发挥了非常重要的作用。

3. 以双向互动为主要发展方向

目前，我国体育产业信息网站主要通过信息资源共享和整合以实现网站运营者和受众的双边互动。一般来说，体育产业信息网站运营者最终要以网站技术为载体，以体育产业信息网站为平台，实现体育资源拥有者、网站运营者和网站受众之间的互动与交流，网站在建设与运营的过程中要重视彼此的双向互动，要采取一切可能的手段与措施加强网站与受众之间的联系，促进体育产业信息网站的发展。

### （五）体育产业信息网站的目标功能

一般来说，我国体育产业信息网站的目标功能主要体现在以下四个方面。

1. 形象展示功能

形象展示功能是我国体育产业信息网站最基本的功能，可以说，一个形象优美的体育产业信息网站不仅能吸引受众的眼球，帮助网站运营者更好地与其进行沟通与交流，还能及时地了解受众的需求，对网站进行改革与更新。可以说，形象展示功能是体育产业信息网站受众最早期的体验，只有达到这一目标后，网站运营者才能为广大受众带来更好的网站服务。一个内容翔实、设计精美的体育产业信息网站可以反映出网站运营者的综合实力，树立一个良好的形象。

2. 信息发布功能

信息发布功能也是体育产业信息网站的重要目标功能，网站运营者通过网站向社会发布体育信息，体育资源，形成双方之间良好的互动。网站所发布的信息不仅仅只是转载其他网站的内容，而且还要注重原创性，要多发布一些具有专业性且能够吸引广大受众关注的内容。这样既能帮助网站运营者了解受众的信息需求，也有利于培养网站工作人员的主人翁意识，促进体育产业信息网站的建设与运营。

3. 商务合作功能

作为一个体育产业信息网站必须要具有一定的商务合作功能。如体育产业资源交易平台、中国体育产业信息网等都具有商务合作功能。体育产业信息网站作为体育相关组织和企业嫁接合作的桥梁，要为潜在客户提供一定的服务。如体育赛事主办方可以通过其官方网站展示赛事的相关信息，向潜在赞助商传达合作信息等。

4. 资源整合功能

资源整合功能就是指体育产业信息网站通过系统整合，实现体育信息资源的充分共享，优化体育信息资源配置，发挥体育产业信息资源的最大效应。体育产业网站的资源整合功能可以为体育产业信息获取者提供全面、快捷的信息服务，促进体育产业的不断发展。当今大量的体育产业相关信息以无序的状态出现在大众面前，体育产业信息网站要将这些信息进行加工与处理，以满足广大受众者的体育需求。

## （六）体育产业信息网站的盈利模式

我国体育产业信息网站的盈利模式主要包括以下几大类。

1. 建立融资平台

近年来，我国一些体育产业信息网站正在逐步搭建专门的融资平台，提供各类融资服务，如华奥星空网等。其中所采取的形式主要有项目众筹、项目融资、企业融资担保等，这些手段的运用都极大地丰富了体育产业信息网站的盈利模式，值得广泛推广。

2. 行业信息数据

建立行业信息数据库是我国体育产业信息网站正在逐步探索的一种盈利模式，这种模式主要是通过对行业信息数据的收集、整理与加工，挖掘其中的商业价值，以形成行业信息数据库，发布行业信息数据报告等，主要是面向企业级客户，赚取访问行业信息数据库的授权费用和行业数据报告的使用费用等。

3. 电商产品平台

目前，互联网进入了一个高度发展的时期，各种电商平台大量出现并获得了迅速的发展。目前，在我国各类体育产品纷纷进驻天猫、京东、苏宁等各大电商平台，体育产品的销售逐渐进入电商模式。在此背景下，我国一部分体育产业信息网站也开始搭建电商平台，如虎扑体育网的识货平台，收入来源主要有自营收入、第三方佣金、广告费等，这说明我国体育产业信息网站也紧跟时代发展的形势获得了进一步的发展。

4. 广告推广监务

广告推广业务是在网站流量达到一定量级后所采用的盈利模式，这一模式也是我国大部分体育产业信息网站主要的盈利模式，如我国四大门户网站的体育频道，主要类型有点击广告（CPC）、弹窗广告（CPM）、销售分成广告（CPS）、定期广告等。

5. O2O 的线上线下活动对接

O2O 主要是通过线上招揽流量聚集 B 端客户，线下实现消费聚集 C 端客户。O2O 的线上和线下活动对接是我国体育产业信息网站正在探索的盈利模式，主要通过将网站上的流量转变为线下活动消费而盈利。O2O 体系将来盈利点不仅在于实现了交易和交换，而且更多的盈利来自基于大数据及免费模式下 O2O 平台所衍生的增值服务。

6. 商务合作交易

目前，我国大部分体育产业信息网站都非常注重网站的商务属性，与企业之间搭建一个资源交易平台，开展与企业间的商务合作，从中赚取交易佣金和服务费，如体育产业资源交易平台为各运动协会、各产业基地、各体育企业等提供体育项目招商、体育企业融资等服务，能获得良好的收益。

## （七）我国体育产业信息网站的建站流程

一般来说，我国体育产业信息网站的建站流程主要包括以下几个部分。

1. 网站规划

网站规划是指在体育产业信息网站建设之前，网站运营者要根据实际需要进行分析，提出想要达到的效果和实现的功能，并且整理成需求列表，交付至网站制作服务公司。一般来说，网站规划主要关系到以下内容。

第一，网站定位。网站定位是网站规划的重要内容，网站用户、网站功能、网站内容都是进行网站定位时所需要考虑到的。通常情况下，体育产业信息网站的用户是体育产业从业者、关注者；网站功能主要包括形象展示、信息发布、商务合作等；网站内容能为广大的体育产业从业者、关注者提供丰富的、优质的服务。

第二，内容收集。网站内容的收集一方面是当前产业信息等的积累，另一方面是整理搜索的信息及内容。

第三，栏目设置。在进行网站栏目设置时，首先要根据网站定位确定相应的栏目，然后明确各栏目的内容。

2. 网站设计

网站设计主要指对体育产业信息网站视觉方面进行设计，网站设计的内容主要包括以下几个部分。

第一，网站标志设计。网站标志是体育产业信息网站的象征符号，是网站内涵的集中体现，因此设计者要综合考虑各种因素，突出网站的特色。

第二，网站风格设计。设计者在设计时要注意网站的色彩、文字、版面布局等需要保持一致性，以为广大受众带来良好的视觉体验。

第三，导航栏设计。网站导航栏根据位置的不同主要分为横排导航栏和竖排导航栏两种形式，设计时，其风格与网站内容要保持一致。

3. 站点建设

站点建设是体育产业信息网站建设与运营的重要内容，一般来说，网站站点建设主要关系到以下内容：第一，IP 地址申请和域名注册。第二，ISP 服务选择。ISP 是指互联网服务提供商。第三，网页制作。第四，网站测试。这四个部分缺一不可。

4. 网站推广

在通过网站测试后，就可以开展网站的推广。网站推广是网站运营的一项重要工作，如果不进行必要的推广，体育产业信息网站就不能很好地传播出去，就不能达到预期的效果。通常来说，网站推广的方式主要有搜索引擎推广法、电子邮件推广法、信息发布推广法等几种，网站运营者可以根据网站的具体情况进行合理选择。

5. 网站管理和维护

网站管理与维护也是体育产业信息网站运营的重要组成部分，只有平时加强网站的管理与维护才能保证体育产业信息网站的正常运行。通常来说，体育产业信息网站的管理与维护主要包括安全管理、性能管理、内容管理等内容，网站运营者在管理与维护的过程中，要注重各方面的平衡，不能忽视任何一个方面的建设与管理。

## 三、我国体育产业信息网站运营模式存在的问题分析

整体上来看，我国体育产业信息网站当前主要是以打造平台为核心、低成本运营的网站，其核心价值还不够明显，所提供的服务质量并不高，网站和线下产品的结合度也不够高，这在一定程度上制约着网站的建设与发展。总体上看，当前我国体育产业信息网站的运营模式主要存在以下几个方面的问题。

### （一）价值增值不显著

总体上来说，我国体育产业信息网站的主要目标是实现体育产业信息网站价值增值的

最大化，以满足利益相关者的期望。通常情况下，网站的价值增值涉及到无形资产、社会效益、经济效益等多个方面。当前，我国体育产业信息网站中各类资源的价值增值不太显著，经济效益不高，这不能很好地提高体育产业信息网站运营者的管理水平，也不能满足广大受众的需求。目前我国大部分体育产业信息网站只是具有信息传播的功能，而欠缺信息增值的处理，所以价值增值效果不显著，这还需要进一步发展。

### （二）盈利模式不清晰

在体育产业信息网站的建设与运营中，盈利模式的选择非常重要，它是网站创造价值的重要手段，网站运营者要充分考虑产品和服务设计、受众定位和价值增值等因素，选择一个合理有效的盈利模式，这是网站运营成功的关键。但目前我国大部分的体育产业信息网站都没有一个明确的盈利模式，仅仅只是我国四大门户网站体育频道依靠多年来的受众基础才拥有一个较为清晰的盈利模式，如新浪体育频道、网易频道等的平台空间租金、注册会员费、网络广告等，这些都可以获得一定的盈利，值得其他体育产业信息网站借鉴和参考。

### （三）网站内容不优质

在体育产业信息网站建设中，网站内容的建设将直接关系到网站运营的成败，它属于网站的核心竞争力。总体而言，我国大部分的体育产业信息网站过于简单化，仅仅只是简单的传播信息，欠缺对信息的分析与整理，不能对信息进行有效的加工去传递给观众，这对于我国体育产业信息网站的发展是非常不利的。目前，我国体育产业信息网站内容建设主要存在着页面设计不足，网站主题不鲜明，信息内容不全面、信息时效性低等问题，这需要借鉴优秀体育信息网站的经验，如新浪体育、腾讯体育等来获得进一步的发展。

### （四）运营模式不合理

运营模式是对体育产业信息网站运营管理过程的总体描述，当前我国的体育产业信息网站运营模式非常不合理，没有一个统一的标准的服务战略，服务系统也很不健全。很多体育产业信息网站只是简单的复制与套用其他成功网站的运营模式，没有自己的特色，存在着千篇一律的现象，这种不合理的运营模式在很大程度上制约着网站的进一步发展，给广大受众带来不好的心理体验。因此，我们需要探索和建立一个复合我国国情的、具有特色的体育产业信息网站运营模式。

## 四、我国体育产业信息网站运营模式优化策略

### （一）我国体育产业信息网站运营模式优化的原则

1. 分阶段优化

一般情况下，一个网站的建设与发展主要经历技术导向、内容导向和服务导向三个阶段，目前来看，我国大部分的体育产业信息网站都处于技术导向和内容导向之间，故而总体还处于一个摸索发展阶段。因此，在我国体育产业信息网站发展的过程中，要认识到自身的发展实际，分阶段地对网站进行优化，促进其在不同阶段的发展。而在不同的发展阶段要采取不同的方法与手段，其目的都是推动体育产业网站运营的合理化和科学化。

2. 定位清晰

体育产业信息网站的发展需要经过几个阶段才能得到健全和完善，因此在不同的发展阶段一定要找准自己的定位，定位要明确清晰。这里所说的定位主要是针对网站运营模式而言的。体育信息网站运营者要结合我国的具体国情和特色，以我国的体育市场为基础，充分调查与分析客户的需求，制定一个科学的网站发展目标。

3. 整合资源

在体育产业信息网站优化与发展的过程中，运营者一定要注重资源的整合，不仅包括体育行业中信息和服务的整合，而且同时也包括对其他行业信息等各种社会资源的整合。资源整合需要大量的人力和技术手段去实现，可以建立一个体育产业信息数据库、发布数据分析报告、整合体育市场信息及其他社会资源，这是目前我国体育产业信息网站优化与发展的重要任务。

### （二）我国体育产业信息网站运营模式优化的措施

1. 设立合理的网站定位

根据体育产业信息网站发展的实际，找准合理的网站定位是非常重要的。在进行网站定位时，网站运营者不能只考虑单一的定位对象，而是要综合考虑各种因素，如网站的类型、功能、性能和管理等要素。通常情况下，网站定位对象一般包括以下要素。

我国体育产业信息网站类型为组织网站；网站用户为体育产业信息获取者；网站功能为形象展示、信息发布、商务合作、资源整合；网站内容可以根据各级文字界面、行业数据库、相关链接等进行构建；网站性能上限为要满足百万人同时访问的情况；网站为盈利方式运作；网站管理最佳选择为自我管理。

综上所述，可以将我国体育产业信息网站定位为网络媒体和经营平台，其核心功能为体育资源置换。找准网站定位后，就要根据网站用户的行为习惯，果断地删减不必要的栏目或板块，抓住网站建设的重点，围绕用户的需求去建设，这样才能有效提升网站质量。

## 2. 构建清晰的网站盈利模式

一般来说，网站盈利模式可以归结为一个系统。在建设的过程中，网站运营者要根据具体的实际采取各种盈利战略来加强建设。一般而言，体育产业信息网站的核心产品应是体育行业数据库及数据报告，核心服务是将整合的信息资源传递给体育产业信息获取者。网站运营者所采取的盈利模式及活动主要包括：设置广告空间；开展培训活动；招商；招纳会员；订购体育相关产品或服务；承办各种体育会展、提供体育旅游服务等。

## 3. 设计实用的网站内容

一般情况下，我国体育产业信息网站内容主要包括各级文字界面、行业数据库、相关链接等，栏目设置主要围绕体育管理活动，体育竞赛表演活动，体育健身休闲活动，体育服务，体育培训，体育教育，体育产品制造等内容进行构建。

一般来说，体育产业信息网站的内容优化要从以下四个方面着手。

第一，体育产业信息网站首页的设计要有一定的美感，页面设置要精美和简洁，吸引顾客眼球。

第二，体育产业信息网站核心竞争力为其提供体育行业数据库和行业数据报告。

第三，我国体育产业信息网站要以整合资源为核心，主题鲜明、结构合理、内容清晰，并能够提供各种服务。

第四，根据实际情况删除不必要的内容，并及时清理缓存等，以提高网站运行的速度，为用户提供优良的体验。

## 4. 实施多元的网站推广方法

一般来说，适用我国体育产业信息网站的线上推广方法主要包括：搜索引擎推广方法；电子邮件推广方法；资源合作推广方法；信息发布推广方法；病毒性营销方法；快捷网址推广方法；网络广告推广方法；综合网站推广方法；网站评比推广方法等。

另外，体育产业信息网站运营者在进行网站推广的过程中，也要注重线下推广方式，主要从两方面进行：一是可以与国内重大体育赛事机构进行置换合作，实现互利共赢的目标；二是可以参考网站运营的相关成功案例，并结合自身实际做好网站的运营与推广。

## 5. 组建高效的运营团队

体育产业信息网站的运营与建设离不开强大的人力资源，因此，组建一个高效的网站运营团队是至关重要的。我国体育产业信息网站运营的重点在于如何完善网站核心服务功能，展示网站形象、加强商务合作与资源整合，拓展服务范围，这些工作都需要一个高效的网站运营团队。除此之外，在组建一个高效的运营团队的同时，还要加强对其管理，发扬团队集体主义精神，严格执行网站管理制度，更加高效地完成网站运营工作。

6.构建合理的运营模式

在构建与发展我国体育产业信息网站的过程中，选择什么样的运营模式非常重要，体育产业信息网站应以建立体育行业数据库、提供数据报告为核心竞争力，以服务客户为中心，以资源整合为核心功能，以盈利模式构建为主体来构建一个高效、科学、具有特色的运营模式。

在体育产业信息网站运营模式中，网站运营管理者要招纳各种技术人才运行整个运营流程，同时不断优化以适应新的发展需求；要采取一系列合理的推广方法将网站信息推广给客户，以满足客户的需求；在推广的过程中，管理者所采取的营利战略或活动要能获得可观的收益。

# 参考文献

[1] 李静文著. 休闲体育产业与经营管理 [M]. 北京：新华出版社，2017.06.

[2] 张春志著. 我国体育产业发展的理论与实践研究 [M]. 北京：新华出版社，2015.07.

[3] 周学政主编. 体育产业多元化发展战略 [M]. 天津：天津科学技术出版社，2014.09.

[4] 罗良忠，马瑛著. 体育产业战略性资本运作研究 [M]. 上海：复旦大学出版社，2013.09.

[5] 李荣日编著. 体育产业概论 [M]. 北京：北京体育大学出版社，2005.04.

[5] 高扬，程林林主编；柳伟，郑宇副主编. 科技创新与体育产业经营管理人才培养研究文集 [M]. 成都：电子科技大学出版社，2012.05.

[7] 李少龙，李德玉，白怡珺作. 体育产业多元化发展及路径研究 [M]. 哈尔滨工程大学出版社有限公司，2022.01.

[8] 袁夕坤，战照磊作. 体育产业高质量发展研究 [M]. 南京东南大学出版社有限公司，2021.11.

[9] 吕蕾著. 高校体育资源与体育产业融合的联动发展 [M]. 长春：吉林出版集团股份有限公司，2022.06.

[10] 海梦楠著. 民族体育与文化产业融合发展 [M]. 长春：吉林人民出版社，2020.05.

[11] 王会娟，黄瑞敏. 体育产业经营与管理 [M]. 北京：北京邮电大学出版社，2017.12.

[12] 杨京钟著. 中国体育产业财税理论与政策研究 [M]. 长春：东北师范大学出版社，2019.07.

[13] 许进著. 体育产业的发展及市场化运营研究 [M]. 徐州：中国矿业大学出版社，2018.09.

[14] 谢朝波著. 当代体育产业发展与体育行为心理探究 [M]. 北京日报出版社，2019.01.

[15] 苗苗著. 社会发展新常态下体育产业发展研究 [M]. 中国原子能出版社，2019.05.

[16] 李书娟著. 我国体育产业供应链融资模式研究 [M]. 武汉：武汉大学出版社，2019.05.

[17] 王雅文. 体育产业发展思考 [J]. 合作经济与科技，2022，（第1期）：36-37.

[18] 刘香音. 我国体育产业发展策略 [J]. 合作经济与科技，2022，（第 8 期）：23-25.

[19] 韩海燕. 体育产业 "C" 位出道 [J]. 走向世界，2022，（第 2 期）：36-39.

[20] 姜锦升. 高职院校体育产业发展的现状与对策 [J]. 文体用品与科技，2023，（第 1 期）：78-80.

[21] 周生辉. 我国体育产业发展困囿及纾解 [J]. 合作经济与科技，2023，（第 2 期）：19-21.

[22] 邓亚萍. 中国体育产业发展机遇 [J]. 清华金融评论，2021，（第 8 期）：28-30.

[23] 荆志坤. "体育+" 产业融合发展思考 [J]. 合作经济与科技，2021，（第 15 期）：28-29.

[24] 鲍明晓. 论场景时代的体育产业 [J]. 上海体育学院学报，2021，（第 7 期）：1-7.

[25] 贺新家潘磊. 高质量发展视域下我国体育产业发展动力演进与展望 [J]. 沈阳体育学院学报，2022，41(2):94-101.

[26] 黄海燕，康露. 新时代体育产业高质量发展的理论逻辑与实施路径 [J]. 体育科学，2022，42(1):21.

[27] 李增光，沈克印. 双循环新发展格局下体育用品制造业转型升级的动力机制研究 [J]. 沈阳体育学院学报，2022，41(1):106-114.

[28] 张瑞林，李凌，王恒利. 区域异质性视角下体育产业高质量发展的动力研究 [J]. 武汉体育学院学报，2021(2):51-60.

[29] 任波. 数字经济时代中国体育产业数字化转型：动力，逻辑，问题与策略 [J]. 天津体育学院学报，2021，36(4):8.

[30] 鲍明晓. 从体育部门经营创收到现代体育产业体系初创——对改革开放以来中国体育产业发展的思考 [J]. 体育科学，2018，038(007):15-16.

[31] 丁正军，战炤磊. 新时代我国体育产业高质量发展的综合动因与对策思路 [J]. 学术论坛，2018，41(06):99-105.

[32] 刘香. 体育产业与市场开发 [J]. 武汉体育学院学报，1961.

[33] 蔡朋龙，李树旺. 体育产业结构优化中体育服务业占比研究 [J]. 体育学刊，2022，29(1):8.

[34] 黄海燕. 新阶段，新形势：我国体育产业发展战略前瞻 [J]. 上海体育学院学报，2022，46(1):13.

[35] 范松梅，白宇飞. 我国体育产业结构变迁及其优化路径研究 [J]. 西安体育学院学报，2022，39(5):8.

[36] 张瑞林. 体育产业发展视域中的体育学科建设 [J]. 北京体育大学学报，2022，

45(7):7.

[37] 邵桂华，王晨曦. 新发展格局下体育产业链现代化发展：问题论域，动力机制与实践路径 [J]. 沈阳体育学院学报，2022，41(4):7.

[38] 王先亮，张瑞林，车雯. 契机与应对：体育产业高质量发展的冬奥效应及推进策略 [J]. 西安体育学院学报，2022，39(2):8.

[39] 孙晋海，王静. "双循环"新发展格局下体育产业数字化转型路径研究 [J]. 沈阳体育学院学报，2022，41(5):8.

[40] 邵凯，董传升. 乡村振兴背景下体育产业助力精准扶贫的思考 [J]. 体育学刊，2022，29(1):7.

[41] 黄谦，谭玉姣，荀阳，等. 体育产业促进"双循环"新发展格局构建的理论逻辑与实现路径 [J]. 体育科学，2022，42(3):12.